灵秀蒋山

何腊保

南京出版传媒集团
南京出版社

图书在版编目（CIP）数据

灵秀蒋山 / 何腊保主编 . -- 南京 : 南京出版社 , 2021.4

ISBN 978-7-5533-3186-7

Ⅰ . ①灵… Ⅱ . ①何… Ⅲ . ①村史－南京 Ⅳ . ① K295.35

中国版本图书馆 CIP 数据核字（2021）第 026839 号

书　　名　灵秀蒋山
主　　编　何腊保
出版发行　南京出版传媒集团
　　　　　南 京 出 版 社
社址：南京市太平门街53号　　邮编：210016
网址：http://www.njcbs.cn　　电子信箱：njcbs1988@163.com
联系电话：025-83283893、83283864（营销）　025-83112257（编务）

出 版 人　项晓宁
出 品 人　卢海鸣
责任编辑　潘　珂
装帧设计　石　慧
责任印制　杨福彬

排　　版　南京新华丰制版有限公司
印　　刷　南京爱德印刷有限公司
开　　本　787毫米×1092毫米　1/16
印　　张　16
字　　数　206千
版　　次　2021年4月第1版
印　　次　2021年4月第1次印刷
书　　号　ISBN 978-7-5533-3186-7
定　　价　68.00元

用微信或京东
APP扫码购买

用淘宝APP
扫码购买

营销分类：历史 · 文化

编 委 会

序言

高淳当地流传着一句俗话：“金花山，银小花。”小花在丹阳湖的东岸，旧以打水浒出名；花山在固城湖的东岸，以“高淳四宝”之一的白牡丹出名。清康熙年间高淳著名文人陈九龄《游花山观白牡丹》描绘花山牡丹，引出神奇的想象：“花香风动舞仙仙，满目琼瑶坠自天。”而“花山樵唱”又是历来传诵的“高淳八景”之一，同期的诗人谷起凤《花岭樵歌》诗：“空山林叶落，樵采上嵯峨。伐木频高唱，腰镰共放歌。应声来牧笛，互答却莺梭。欸乃无腔曲，凄清满涧阿。”运用文人的画笔，将现世生活美好的劳动场景与空山、溪涧的清幽自在完美地结合起来，展示了古人生活的一个美好画面。蒋山村，就静静地坐落在这个美好的画面里，就坐落在花山脚下、固城湖滨，堪称江南的一颗耀眼明珠！

蒋山村不仅有美丽的自然环境，还有悠久的历史，以及在历史长河中积淀的深厚文化。早在汉唐时代，一条古驿道从村东傍山穿过，在这条道上，颜真卿走过，白居易走过，韩国的崔致远经过时，演绎了一个人鬼相恋的凄美的双女坟故事至今传诵；到了宋代，杨万里一边吟诗一边走过，范成大、岳珂、周必大几次往来……这条名人前后相望的古驿道一直保存至今！在这里，早就已是人烟辐辏，唐代有了招贤驿馆，来往官员在此住宿；蒋氏兄弟来此安家，留下“蒋山”之名。南宋中期，何姓迁居于此，元末，吴姓迁来；其后，陆续又有李、路、明、汪、王、杨、陈、唐、邢诸氏的家族迁徙定居这里，共同开发了这片沃土，创造了绚丽的蒋山文化。

蒋山村是一个宜居的人文之地，不仅有美丽的山水田园自然风光，更有着数百年来创造的人文环境。保贤局，始建于清光绪十四年（1888），是固城湖边四个救生机构之一，上百年来一直从事湖上救生事业，最终成为周边人们心中的慈善圣地，不断得到修缮，并完好地保护至今。西茅庵，充满人间的奇情，其间的一草一木仿佛都有着一段美妙的传说，引人遐想。何家古港，曾经有过“小小何家赛苏州”的美誉，可以想见当年的繁荣。尤其是作为一个村子，蒋山依然保留着村民的精神家园——数座老祠堂，这在高淳绝无仅有。何家祠堂的典雅，吴家祠堂的沧桑，李家祠堂的高耸，路家祠堂的坚实……如今祠堂都得到保护、修复与利用。蒋山村的人文特色散落在每一个角落，一座民居、一堵矮墙、一方池塘，都体现了过去和现在村民们独有的文化追求。

蒋山村也是一个充满大爱的村子。历史上不仅有为固城湖域划定边界而据理力争的何衢，倾家接济后学的贡生何耀南，为人仗义疏财的何邦模，古道热肠的乡贤蒋裕敦，还涌现出为国捐躯的何绍秀、陈小头等革命烈士。尤其值得一说的是，1953年，为营救赶湖落难的大批山民，何家村民自发动员，男女老少夜以继日地抢救在湖荡里捡鱼而走不上来的山民，人们拖着一条条小船或一只只大木盆，提着马灯，举着火把，赤着脚，高卷着裤腿，冒着严寒一字排开向湖中搜索落难的山民。大家心往一处想，劲往一处使，心里只有一个目标——救人！此情此景，至今想来，感人至深！在素不相识的山民的危难面前，蒋山村人表现了无私的大爱！

蒋山村是一个灵动的村子，是一个能够自觉顺应时代发展而自我蜕变、自我提升的村子。仁者乐山，智者乐水。蒋山村因山得名，兼得仁厚慈爱的品质；蒋山村民也傍水生活，习得灵动的品性。在二十世纪八十年代初，蒋山村在经济发展中落后了，“贫穷”二字扣在头上，压抑着人心得不到纾解。1986年，南京市扶贫项目“蒋山砖瓦厂”建成，村民们以巨大的热情投入到砖瓦生产中，做工的收入也让村民的日子渐渐红火起来；但进入新世纪以后，村民们蓦然发现，砖瓦厂每年的大量取土正在侵蚀掉家乡的青山绿水，于是在2013年毅然停产转型，准备将砖瓦厂改造成休闲娱乐的旅游景点。继承与发展，蜕变与提升，这样的例子在蒋山村比比皆是。保贤局凝聚着蒋山人民的慈善情结，这种大爱得到延续，2015年7月21日，蒋山村慈善协会正式挂牌成立，成为南京市第一个村级慈善协会，开南京市基层慈善建设之先河。何家祠堂是何氏村民的精神家园，长期破败凋零，2013年得到全面修复，并且被改造利用成“百姓讲堂”，传播着现代文明。1953年建造的马家垄小学，校舍不蔽风雨，被改造成具有独特建筑风格的“马家垄1953”，成为村民休闲读书的好去处，也成为游客的赏玩打卡之地。老民居被改造成了蒋山书舍，何家古港重新设计，再度通航，农历八月初八村里的庙会成为农副产品展销会，村里原来不被看重的跳五猖、打莲香，一处处、一件件，被捡拾起来，改造利用，蜕变升华，引领着蒋山的发展。蒋山人的聪明才智在发展中得到了发挥。

作为蒋山村村民的一员，我自2010年全面接手蒋山村工作以后，就反复思考蒋山村的出路：要振兴蒋山，就要振兴乡村文化，让村民们自信才能自强，自强才能自励，才能够大胆去开拓，去创新，去闯出一片自己的新天地。经过多年的实践，蒋山美了，村民富了，文化自信逐渐建立起来了，老百姓的幸福感得到了极大的提升。自2010年至2020年十年间，蒋山村先后获全国“美丽宜居村庄”示范村、“全国生态文化村”“全国文明村”等荣誉称号。为了整合农村资源和乡村治理，继续壮大村级经济，发展乡村文化旅游事业，满足村民的各项需要，2020年9月13日，固城蒋山村与花联村合并成为“花山村”，我当选为花山村党支部书记兼村委主任，感觉肩上的担子重了，但有多年的实践摸索，有上级领导的支持与广大村民的拥护，也激起了我挑战困难的信心。我坚信，花山村的发展，也必将和即将开通的横跨固城湖的花山大桥一样，通向坦途，通向希望!

蒋山村已然成为历史，花山村已经展开新篇，在这承前启后之际，我们向广大村民与朋友奉上这本讲述蒋山村历史文化的微薄册子——《灵秀蒋山》，以帮助大家认识过去，立足当下，满怀信心，勾画未来，开创一个崭新天地，成就新时代的“金花山”！

何腊保

南京市高淳区固城街道花山村村委书记

前言

固城湖畔的明珠——蒋山村

“南京之南是高淳，高淳之南是蒋山。”蒋山村地处苏皖交界，与安徽省宣城市狸桥镇的金云村、蒋山村接壤。村辖面积4.08平方公里内，有何家、李家、吴家、蒋家、明家、汪家垄、马家垄7个自然村，农户647户，总人口2173人。东面蒋山、金山、九龙山、大花山、小花山层峦叠翠，西边固城湖水光潋滟，2000米长的濒湖原生态湿地带水鸟栖息、草长莺飞。宁宣公路代替了古汉唐驿道，从花山脚下穿过；何家古港新建了游艇码头，青春焕发。

蒋山村历史上属于花山地区，曾经比较富庶，有过“金花山”“小小何家赛苏州”的美誉。随着我国工业化进程不断推进，现代文明对农耕时代的挑战日益明显，地处偏僻的蒋山村受都市经济辐射不足，发展滞后，一度失落为高淳有名的贫困村。2010年前，蒋山村集体收入仅为砖瓦厂每年租赁的11.8万元。村上路是土的，塘埂是破的，电线杆是歪的，生活用水是臭的，就连幼儿园的孩子也是在村民的危房里上课。村党员组织观念淡薄，干群关系紧张，打架斗殴时有发生，村民致富心情迫切。

2010年6月，蒋山村公推直选确定新的领导班子后，村两委践行为民服务的理念，大力改变家乡落后面貌。抓党建，聚人心；干实事，惠民生；农业转型，产业增收。短短数年的奋斗，村庄环境大为改善，村民幸福指数大为提高。特别值得一提的是，蒋山村流转土地2000多亩，大力发展高效农业，芦笋和草莓大棚、千亩经济林果、水产养殖、农家乐、网上销售平台等带动了产业转型升级。2014年村民人均收入突破2万元，村集体收入直线上升。自2013年起，蒋山村从原来的经济薄弱村跻身南京市的百强村。

2014年蒋山村遵循科学发展观，结合自身特点，找到了发展民俗文化旅游的又一致富新引擎。蒋山村对辖区内的双女坟、何氏宗祠、保贤局、路祠宗祠等5处市、区级文物保护单位进行阶段性保护和文化挖掘，并利用村上的民俗文化传统活动组建“蒋山民俗文化艺术团”，初步构建了蒋山村民俗文化旅游发展的雏形，彰显蒋山村深厚的文化底蕴：何氏宗祠修缮一新，成为社会主义核心价值观与“忠、孝、廉、节”的家风有机结合的教育场所；道德广场的引领作用明显，促使村民自发成立了高淳区首个村级慈善协会；文化广场给村民提供了展示才艺的舞台，村上众多的民俗文化活动从自娱自乐阶段发展到公开表演……

近年来，蒋山村充分利用半山半圩的地理环境，借助游子山国家森林公园概念区和固城湖旅游度假区的区位优势，整合资源念好山水经，走“经济强村，文旅兴村”的路子，发展迅速，成效显著，先后被评为“强基工程示范村”“江苏省最美乡村”“全国宜居乡村示范村”“全国生态文化村”。

蒋山村发展不停步，自练内功、自强不息：

抓党建总揽全局。村党总支充分发挥党员的先锋模范和党支部的战斗堡垒作用，秉承“把群众放在心头上，把心放在群众身上”的亲民理念，党群结对帮扶、精准扶贫。进一步凝聚人心，促进各项工作开展。

重法治网格管理。针对边界村特点，坚持依法治村，积极开展边界联防联调工作，村民学法、守法、用法，做到三网合一，网格管理常态化。

强支柱发展经济。通过土地流转，实施传统农业转型。管护芦笋大棚200亩，发展经济林果1000亩，草莓、西瓜50亩。同时通过“互联网+”实施农副产品网上销售，不断增加村民的收入。

治环境扮靓村庄。紧紧抓住美丽乡村打造的契机，做到道路硬化，沿路香化，村貌美化，夜晚亮化。新建日处理20吨的污水处理站四座，自2015年底全村实施污水管网、污水处理全覆盖后，2018年6月又实施垃圾分类全覆盖。

兴文化彰显自信。保护双女坟及汉唐驿道；修缮宗祠，提炼家训，弘扬孝文化；传承非遗，发扬保贤局慈善济孤的传统；在村民自娱自乐的基础上巩固和发展村“民俗文化艺术团”。

讲文明引领乡风。借助“美丽庭院”和“和美家庭”评选，充分利用“区家风教育基地”资源，营造村民“遵循家训”“邻里和睦”“孝老爱亲”“爱护环境”等村风、民风。

蒋山村在“生态立村、文旅兴村、富民强村”的新目标征程中，坚信绿水青山的持久发展，坚持“文化当饭吃”的特色发展，凭借“花山大桥”的在建契机，紧紧依靠区位优势，勇立潮头，只争朝夕，并喜获“全国文明村”的荣誉。2020年9月14日，根据区划调整，蒋山村与相邻的花联村合并成为“花山村”，资源更加丰富，力量更加壮大，回旋腾挪的空间更加广阔，发展前景也必将更加美好。

蒋山村，已经是固城湖畔的一颗闪亮明珠；花山村也必将在蒋山与花联发展的基础上更上一层楼，成为南京之南乃至长三角一颗夺目的新星！

旧迹新韵

樵渔耕读

家族文化

人物春秋

传奇故事

诗咏蒋山

民风民俗

饮食文化

附　录

灵秀蒋山

旧迹新韵

青山迢迢，碧水盈盈，各种物资经胥河，穿越太湖，进入苏州市场，蒋山何家遂留下了“一篷打到苏州”的美谈。苏州及皖南的种种货物又通过宁国驿道贩运到何家港，在此运往各地，何家港成为固城湖上的商品集散地之一。“小小何家赛苏州”，一时传为佳话！

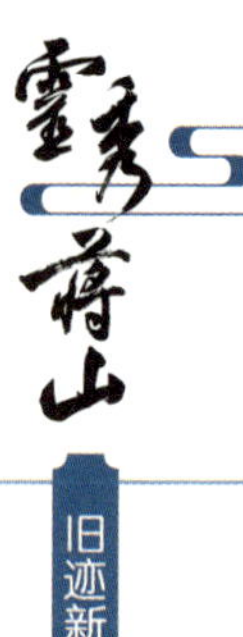

双女坟

——中韩文化交流的纽带

在蒋山李家村东二里许，一座绿树掩映的椭圆形坟冢高出地面两米左右，占地近一亩。1996年4月，中韩文化关系研究会会长、北京大学东方学系韦旭升教授和韩国学者一道，专程前来高淳考察该墓。在高淳文史、文保部门陈后翔、濮阳康京和南京市文物鉴定组人员的共同努力下，这座如今在高淳妇孺皆知的古墓被确认为正是韩国文学家崔致远笔下的“双女坟”。自后，不但高淳及周边的游客纷至沓来，不少韩国朋友也千里迢迢赶来踏访。他们有的是来祭奠反叛封建礼教、追求婚姻自由而殉情并长眠于此的张氏姐妹，有的是来探访崔致远与双女“神鬼情未了”的曲折绮丽的爱情故事，也有的学者是依据崔致远《双女坟》《仙女红袋》的文学地位，来追溯志异文学的渊源。

崔致远，字孤云，是韩国汉文学的鼻祖。他在中国求学、为官16年，唐乾符三年（876）起仕宦溧水数年。著有《桂苑笔耕集》二十卷、《中山覆篑集》五卷及《仙女红袋》等诗。他在溧水任上写下的《双女坟》和《仙女红袋》与同时代的诗人元稹的传奇《莺莺传》，开创志怪文章之先河，先于清《聊斋志异》近800年。

1997年5月，“双女坟”被定为县级文物保护单位；2005年被认定为市级文物保护单位；同时，《崔致远与双女坟的故事》入选南京市首批非物质文化遗产名录。从此双女坟“人鬼情未了”的绮丽故事广为流传，双女坟声名远播。每年的清明前后，大批中外游客慕名前来参观这个隐藏在蒋山李家村东古驿道旁、有个月牙形水塘映衬的古墓。2003年，中韩教授学者、崔氏后人和韩国电视台记者等105人来双女坟实地踏访和拍摄。韩国碑林博物馆一行9人也专程造访蒋山双女坟。据李家村村民反映，每年除清明节外，中秋前后也时常有韩国人来双女坟祭拜。

韩国师生考察双女坟

2005年，中国外交部批准崔致远曾为官之地——扬州建立“崔致远纪念馆”。2014年7月，习主席出访韩国，在首尔大学发表演讲时，又一次提到韩国历史上在中国的学者崔致远，指出他的东国儒宗的地位。

无疑，崔致远促进了中韩两国的友好交往，因崔致远而闻名的双女坟也沟通了中韩两国民间文化的交流。2015年9月，高淳区“崔致远文化交流与发展研究会”在蒋山村挂牌成立。继2013年6月崔致远三十三代孙和三十七代孙代表家族前来双女坟祭拜后，2016年10月16日，韩国67名崔致远后人，在庆州崔氏中央宗亲会会长崔炳柱的带领下，到双女坟举行崔致远塑像揭幕等一系列活动，并约定每年崔氏后人来华祭祖，第一站10月15日到扬州，第二站10月16日到蒋山。

2017年，蒋山村在被评为“中国宜居乡村示范村”后，又获评“全国生态文化村”。双女坟作为蒋山村的文化符号，必将走得更远，也必将为中韩文化交流发挥更大的作用。

【附录】

双女坟记

有鸡林人崔致远者，唐乾符中补溧水尉。尝憩招贤馆，前有冢，号曰双女坟。询其事迹，莫有知者。因为诗吊之，夜感二女至，称谢曰：“儿本宣城郡开化县马阳乡张氏二女，少亲笔砚，长负才情，不意父母匹于盐商小竖，以此愤恚而终。天宝六年，同葬于此。”晏语至晓而别。（摘自《至正金陵新志·古迹》）

汉唐驿道与招贤馆

——古代交通的大手笔

唐代著名诗人杜牧作过一首脍炙人口的诗歌："长安回望绣成堆，山顶千门次第开。一骑红尘妃子笑，无人知是荔枝来。"讽刺唐玄宗为了爱吃鲜荔枝的杨贵妃，不惜血本，动用国家驿传运输系统，从南方运送荔枝到长安。

古代中国国家驿传运输系统主要由驿道和驿馆组成，用于中央政府与地方的各种政务、经济、军事等公文信息传递以及物资运输、军队调动、军队补给、官员出差、调任与巡视等，该系统也是重要的军事设施之一。

驿道类似于现代的国道，是中国古代交通之主通道。文学作品中对驿道有着精彩的描写："八百里加急！八百里加急！"一卷黄尘滚滚，骏马飞驰而至，但见人影一晃，跳将下马，大喝："八百里加急！御赐金牌，阻者死，逆者亡！"随即便见烟尘滚滚，骑者已然离去。此时，古道凝云，晴空赫然！

古驿道的开辟在当时是很困难的，朝廷一般都非常爱护。为了保护驿道，不仅在驿道旁种植各种各样的驿树，还限制除驿馆之外的农舍房屋出现在驿道方圆几里以内。

驿馆是沿驿道而设，供官员及传递公文的人中途休息、换乘的地方。驿馆的作用不容小觑，传递公文者每过一驿必须在驿馆换马。马是古代重要交通工具，人们出行要骑马，拉人载货靠马车，传递紧急文件时更要用快马。这些马虽然不是千里马，但死命跑，或许也可以一日千里。有诗云：一驿过一驿，驿驿如流星。为确保人和马的生命安全，唐代驿馆遍布天下，十里一铺，三十里一驿。递铺设施较为简单，仅供差人和马匹喝水、休整。驿馆必须配备客房、厅房、厨房、仓库、马厩等。为方便饲养驿马，马厩设在馆舍建筑之外。驿马是国家财产，死损肥瘠每年必须向上呈报。有些著名的驿馆配备十分豪华，甚至配有皇帝行宫。一般的驿馆也都整洁宽敞，让千里奔波之人有宾至如归之感。

高淳在唐代尚未建县，属溧水县。唐朝，溧水县一度属宁国府宣州管辖。宁国驿道是溧水县至宣州的交通主干道，它从北边的秣陵关、蒲塘桥，进入现今高淳境内，在游山北面分为“Y”形两股岔道，一路经东坝、傅家坛到郎溪，另一路沿当时的漆桥河、游子山、固城、花山、狸头桥抵达现在的安徽宣城，再抵宁国。这段经过高淳境内的“宁国驿

汉唐驿道

道”，姑且称为高淳古驿道。驿道沿路铺、驿很多，其中有的铺名成为地名留存下来，如溧水县毛公铺、高淳东坝的松儿铺等。高淳蒋山村花山脚下的招贤驿，是宁国驿道高淳境内最后一个驿站，驿内的客舍叫“招贤馆”。

有资料表明，这条古驿道在汉代便存在了。漫漫两千多年的岁月长河中，古驿道承载了多少英雄豪杰、文人雅士的匆匆步履！

三国孙吴建都石城（南京）时，孙策部将程普多次带领兵马走过古驿道；晋时宣城太守谢朓往来宣城、当涂间赋诗访友走此道；唐代大书法家颜真卿短暂驻留道上驿馆，泼墨挥毫写下《蒲塘客舍》诗作；大诗人白居易千里迢迢投奔时任溧水县令的叔叔，并意气风发地由此间踏上科考之路，步入仕途；宋时溧水令周邦彦走漆桥，访定埠，沿途赋诗作词；南宋周必大南归，取道固城抵临安……直至明清两代时，高淳诗人邢昉与宣城沈眉生、方文等文人一道游花山，赏白牡丹；宣城施闰章退休后几过狸头桥，重访玉泉寺等等，他们都经此古道来往。

尤其值得一提的是，唐乾符年间，从新罗（今韩国）到中国留学考取功名而当上溧水县尉的才子崔致远，出差至招贤馆住下，凭吊馆侧双女坟中双女，回国后又写下《仙女红袋》一文，详述招贤驿梦遇仙女、人鬼相恋的故事。此文后被收入韩国古典名著《新罗殊异记》，该书被视为“聊斋先河”，广为流传。

如今，纷纭的历史已经过去，留下的是给我们无限遐想的古驿道、古驿馆遗址。

保贤局

——固城湖边的慈爱圣地

围绕固城湖有四个水上救生慈善机构：仁济局、崇仁局、救生局、保贤局。保贤局位于固城湖东岸，坐落在蒋山吴家自然村。据保贤局现存碑记记载，保贤局原名“龙盛庵”，始建于清光绪十四年（1888），是一处道教场所。由于风摧雨蚀、年久失修，龙盛庵损毁殆尽。民国六年（1917），吴家村村民捐资重建，并易名“球琅庵”。民国九年（1920），高淳知事刘春堂与之结缘，募捐扩建更名“保贤局”至今。保贤局依山傍湖，东面花山逶迤秀丽，西面固城湖烟波浩渺。“来花峰陇脉连绵势如长蛇镇善地，坐湖畔碧波倒影犹同明镜照人心”，保贤局里的这副楹联描绘出这里迷人的景致和不凡的气象。

保贤局

据记载，民国八年（1919），高淳知事刘春堂乘船途经固城湖，船行至湖心，突遇风暴，一时白浪滔

重建保贤局碑

天，暴雨如注，船在湖中飘摇不定，随时都有沉没的危险。危急中，刘知事面向球琅庵方向，跪求神灵庇护，默默祷告许愿："若能为我解厄，本人定捐资助力，扩建庙宇。"说来凑巧，不久即风浪渐小，刘知事化险为夷。脱险后，刘知事发动东坝、漕塘、倒骑龙史家等地乡绅，募资重修庙宇，并将"球琅庵"改名为"保贤局"。民国十一年（1922），时任高淳县第三警察分驻所所长唐焜，出资在保贤局前建"定心标"一根，以定航指标。

据刘春堂撰写的《创建球琅庵保贤局碑记》记载："球琅庵建设乩坛，乡人染有疾疫，求医不及，藉书符请方发药疗病。……凡祈祷，罔不灵验。"其实，扶乩开沙是一种迷信活动。扶，指扶架子；乩，即占卜以问疑。术士制丁字形木架，架头雕刻一只木制的鸾鸟，其直端顶部鸟嘴悬锥下垂。架放在沙盘上，由两人各以食指分扶横木两端，依法请神，木架的下垂部分即在沙上画成文字，作为神的启示，或与人唱和，或示人吉凶，或与人处方，或劝人向善。旧时，农村医疗条件差，当地民众生有疾病，常到保贤局迎神扶乩，请方发药治病。《何氏宗谱》至今保留有部分诗句，其中有清光绪年的《劝诫赌博绝句》："改头换面要惊心，截止伊依贝者人。左右还须前悔失，自然有日事勤成。"

保贤局原为砖木结构，上下两层，地基平面呈方形，建筑上俗称"一颗印"，建有二进共六间。"文革"时期，保贤局后进和耳房被拆毁，仅存中堂三间。由于面湖而建，加之地势偏低潮湿，近百年来，保贤局木质遭水浸虫蛀，屋面瓦破洞开，墙体裂缝倾圮，梁架变形失衡，濒临坍塌之险。2005年5月，吴家村有识之士肇起盛事，村民路三江等慷慨义捐。当年7月，保贤局沿承旧貌、旧址，维修竣工。新修之保贤局高两层，上层“走马楼”，两边厢房，中间天井，仍临湖面西。整个建筑徽派格调，古色古香。高高的门楣之上，“保贤局”三个砖雕大字赫然在目。门头装修典雅古朴，更透出些许恢宏之气。大门两旁是一副砖雕对联，联文为：“瑞秀河山多正气，文明世界致中和。”门窗雕镂，图案别致。庵外树林阴翳，阳光透过树荫照在粉墙上，留下斑驳的影子，显得意境清幽，风景灵秀。置身其中，给人一种沧桑厚重的感觉。2013年底，村民又集资建成了保贤局南边的“崇本济孤祠”。2015年，在保贤局的北边轴线上易址重建祠山庙。一祠一庙与保贤局左右相邻，和“圣德楼”戏台遥相呼应，形成了一组互为映衬的建筑群落。

旧时，保贤局除了有对湖中遇险实施救援之责，还设有“济孤祠”，收养弃婴、施棺施药、济贫扶困，为孤老和湖难无人认领的死者供奉牌位。

保贤局热衷于地方公益善事，成为高淳有名的民间慈善机构。值得一提的是，作为供奉着道教神马灵耀（又称马天君）的保贤局，每年的农历八月初八都要举办隆重的庙会，是日，香客云集，游人如潮。庙会由花山吴家、东坝、漕塘太保殿、倒骑龙史家等四大班信众轮值，可见保贤局在周边的影响之大。

定心标

——固城湖东岸的仁德标杆

蒋山保贤局大门口广场上，竖立着一根木质标杆，上面飘扬着一面红色的幡旗，这就是名闻遐迩的保贤局“定心标”。

定心标

一座正方形石台端立在保贤局大门外的广场上，方台边长两米多，高约一米。平台上方四周是精雕细琢的大理石围栏，正中是一块八面旗杆石，每个面分别雕刻着一尊佛像，法相庄严，栩栩如生，亦称“八面佛”。旗杆石每面宽约40厘米，平台以上高60余厘米。巨大的青石柱旗杆石正中有一圆洞，一根直径约30厘米、高18.8米的木质标杆纹丝不动地矗立在洞中。标杆上下几乎一样粗细，可见用料之讲究。旗杆中间有几道铁箍，以防木料开裂。高高的标杆顶端迎风飘扬着幡旗，擎天一立，显得古朴而又壮观。

民国十一年（1922）的一天，时任高淳县第三警察分驻所所长的唐

定心标基石

焜外出公干，途径固城湖。突然，湖面上风暴乍起，一时狂风大作，巨浪滔天，小船在湖面颠簸飘摇。危急中，唐焜急命手下向保贤局呼喊求救。好在船离保贤局不远，值更瞭望的村民隐约听到“相救！救命！”的呼喊声，发现了遇险的小船，于是驾起保贤局的救援红船，到湖中将唐焜一行救上岸。唐焜感念神灵的庇护，更感念村民的救命之恩，也深感此处应建一个标杆，以便来往船只更好地辨别方向，躲避风浪，也有利于村民下湖救难。于是，他欣然出资捐建一八面旗杆石及标杆，寓意“保贤局，安八方”。标杆顶端白天升红旗，晚上升红灯。在对面十余里的固城湖湖面上，人们目力所及，无不遥见。固城湖上的行船从此把它作为辨别地段方位的地标，船家在宽阔的湖面上看到它，不禁意笃心定，心中有了依靠，故取名“定心标”。为稳固石柱，村民在石柱的四周砌了一个正方形石平台，平台上饰以大理石栏杆。

无独有偶，环固城湖四周，这样的“定心标”有三根：保贤局一根；淳南李氏崇祯年间建造的“襟秀庵”中有一根，白天升红旗，夜里挂红灯。庵内置有巨鼓一面，巨钟一口，也备有救难的“红船”；红沙嘴的水母庙也有一根，其设施大致相同。这样，固城湖东、西、北三面各有一根“定心标”，呈鼎足之势，合力守护着固城湖域的平安。

西茅庵

——风雨沧桑总关情

民国《高淳县志》记载，固城湖东岸的花山边原有两座古庵，一座叫东茅庵，一座叫西茅庵。东茅庵原址在今高淳监狱内，1943年，侵华日军扫荡，东茅庵被烧毁。后来，当地人复建了东茅庵，后因监狱建设被拆除。西茅庵坐落在花山西麓，幸存至今，20世纪80年代修缮，易名“迁善堂”，不过，当地人仍称之为“西茅庵”。现为“花山公园”内的一处景点。

沿着一条蜿蜒的小溪，循着竹树旖旎的幽径，徐徐而行，跨过一座古老的石板桥，迎面而见修竹簇拥的花山公园。走进公园大门，穿过一条仄仄的曲径，一座绿树掩映的庵堂呈现在人们眼前。笔力遒劲的“迁善堂”匾额悬挂在庵堂正中门楣之上。迁善堂坐东面西，三间布局，重檐翘角，黛瓦粉墙，屏风朱漆。此堂始建于明永乐

西茅庵鸟瞰

年间，原名“西茅庵”。清乾隆年间，据说乾隆皇帝下江南巡游至此，御书“隆寝古庵”四字赠予庵中老尼，“西茅庵”遂更名。咸丰年间，“隆寝古庵”遭太平军烧毁。近百年来，“隆寝古庵”几经修建，最终易名“迁善堂”。放眼四顾，这里翠树怀抱，古木参天，百鸟唱和，溪水淙淙，繁花掩映，蜂围蝶阵。

迁善堂庭院里生长着三棵高大的紫薇树，其中两棵特别大且并列生长，形同姊妹。树干参天，枝叶如盖，苍古遒劲，其挂牌标识树龄有380年之久。令人称奇的是，该树无皮，通体光滑。相传用手挠之，树会发痒，树叶哆嗦，花枝乱颤，故又名“痒痒树”，煞是有趣。离“迁善堂”百米远的地方还有几棵极为珍贵的“年成树”。据明代《金陵琐事》载：“年成树，不仅结子如五谷，亦有似鱼、蟹之形者，乃三宝太监郑和下西洋取来此物。”年成树春天开花，夏初结果，今年根据果实形状可预测明年的年成好坏：结稻谷状为丰年，结稗子状为歉年，结鱼蟹状则有水患。相传，漆桥孔姓御膳房官员在明成祖北迁后，告老还乡时将年成树带回，植于家园，树却逐渐枯萎。一日，西茅庵一老尼云游至孔姓官员家里，自云花山人杰地灵，与该树有机缘，可予安顿，遂移入西茅庵。不久，年成树即枝繁叶茂。如今，大树四周有小树无数，如母子相依相偎。

西茅庵还与高淳大刀会抗日有一段关联。1940年8月17日，高淳西南圩区大刀会决定去攻打盘踞在淳溪镇的侵华日军。当天，大刀会一百七十多人为躲避日军的耳目，向南过河到宣城南山边，再过狸桥一路向北迂回至花山附近的西茅庵集中。大刀会道友在西茅庵训练、休整了几天。19日晚，队伍从西茅庵出发，向淳溪镇进军。20日清晨，大刀会向淳溪镇内的日军发起猛攻。此役虽然最后惨烈失败，但大刀会道友的自发抗日行为显示了中国人民不屈的反抗精神，也让大刀会道友集结宣誓的西茅庵，在人们的心中留下了深刻的记忆。

何家古港

——蒋山水运业繁荣的见证

在“日出斗金”的固城湖东岸，湖岸线蜿蜒曲折，岸边，有绵亘不绝的花山、十里长山、九龙山、蒋山……湖光山色，交相辉映！湖上风帆点点，山上伐木丁丁，湖畔民居幢幢，渔樵互答，其乐何极！

在湖东岸的高埠上，有一叫何家的村落。历史上，古中江水道西起皖境芜湖西南，东至宜兴（阳羡），入太湖（震泽）。固城湖，成了古中江河道的必经之路！

环固城湖岸，依次有固城港（位于古胥河口）、何家港、狸桥港、牛儿港等数个港口。固城港因胥河的漕运而声名远播，但地势低。丰水时期，固城港水势滔滔，湖堤岌岌可危，泊舟困难。狸桥港位于固城湖水阳江水系的上游，地高水浅，枯水季节，狸桥港水浅见底，

古港小景

舟陷湖中，无法通航，来自皖南山区的商贾只好望着水位低下的湖泊，岸边堆积如山的山货，声声叹息。唯盼来年桃花汛期，山洪下泄，湖水猛涨，方可扬帆远航。

而何家港，因水域开阔，埠高水深，舟楫往来自如，令人欣羡不已！湖东岸的丘岗间，古宁国驿道穿境而过，不经意间，下江苏州一带的丝绸制品，皖南山区的竹木器材、木炭、石灰、竹笋、香菇、茶叶、桐油……固城湖及周边的鲜鱼活虾、稻米粮食，通过古中江船装马卸，上抵芜湖、江西，下达宜兴、苏州，一时商贾纷至。湖东岸的何家，地势高，湖水深，渐成为一货物集散的良港，满港商品琳琅满目。南宋时，何氏祖先在湖东岸开基建村，历尽艰辛。何家港口来往商贾频仍，何氏子孙乃至附近狸桥欧家堡、老屋里等邻近村庄的村民蜂拥至此，开起了小饭馆，茶馆，不几年，俨然成了湖东岸繁盛的集市，东南西北的各色人等相继涌到湖畔，人来客往，熙熙攘攘，好一派热闹景象！

青山迢迢，碧水盈盈，各种物资经胥河，穿越太湖进入苏州市场，蒋山何家遂留下了“一篷打到苏州”的美谈。苏州及皖南的种种货物又通过宁国驿道贩运到何家港，在此运往各地，何家港成为固城湖上的商品集散地之一。“小小何家赛苏州”，一时传为佳话！

每当大旱之时，湖水见底，湖底龟裂。勤劳的蒋山村民，在港口周围挑土清湖，连同狸桥等地附近村庄曾经受益的村民，也都自发加入清理何家古港的队伍中。每当一年春汛来临，沉寂的何家港又是人欢马嘶，船儿穿梭往来，买卖频繁，再次呈现出繁华景象！

古港边的荇菜

新中国成立后，何家

古港再现活力。随着人民生活水平的不断提高，当地及附近兴建了砖瓦厂，当涂湖阳等水网地区的老百姓，买瓦买竹木材料，在何家港整装上船，一时间，这里又是人声鼎沸，水运繁忙。近年，随着公路的修建，城乡物资的周转多走陆路，何家古港再度沉寂。蒋山人民与相关部门审时度势，充分利用濒湖临山的独特区位优势，在打造美丽乡村的进程中，在固城湖上新辟水上一日游。城区湖滨大道诸家码头，几艘游艇载着八方宾朋启航，劈波斩浪，穿行于母亲湖——固城湖中，一路行驶，游客们饱餐江南秀色，涤荡心灵的尘埃，安全抵达何家港口。

何家古港，是历史上水陆商业繁荣的见证，如今，又成为蒋山旅游发展的跳板之一，连接着远方的客人与热情的蒋山人！

何家古港新貌

蒋山砖瓦厂

——烙在蒋山人民心头的印记

固城镇蒋山村委会旁，洁净的公路一侧，地势低洼的杂草丛中散落着七八幢黄砖砌就的房屋，大多为20世纪80年代的建筑风貌，与另一侧整齐划一的村委办公用房形成鲜明对照。这里的屋舍有的房顶塌落，有的窗户破败，青苔遍布，掩不住的破旧和沧桑。不远处，成堆的砖块堆放在道路边，像是诉说曾经不俗的过往。若不是两栋高大的双层结构砖楼紧密相连，从底部排列着的整齐的圆孔，能依稀辨出砖窑的痕迹，还以为这里曾是个偏僻的小村落。

砖瓦厂的沧桑

然而，就是这里，创造出了不菲的村级经济，为昔日的经济薄弱村——蒋山村摘除贫穷帽子作出过巨大贡献。如今，其独特的结构、朴拙的窑体，成了方圆百里唯一的一座制砖工业遗存，更成了一件供人回眸历史、感受发展、思索奋进的特殊文物。它，就是蒋山砖瓦厂。

昔日的蒋山村地处偏僻，由于经济模式单一，不但村级经济薄弱，村民收入也低，是名副其实的贫困村。随着改革开放的不断深入，发展经济成了蒋山村迫在眉睫的大事。1986年，作为南京市的一个扶贫项目，固城镇与蒋山村合办起蒋山砖瓦厂，厂址选在蒋山村域内山、湖相间处土丘层相对较厚的地域，占地面积136亩，劳动力资源以蒋山村村民为主，覆盖到整个固城镇。

蒋山砖瓦厂

砖瓦厂俗称轮窑，由制砖车间和窑务车间组成，单一烧制红砖。生产时，首先人工或机械采土，经添加煤渣作内燃物，搅拌后切成砖模块，再出晒风干成砖坯。接着将砖坯码进窑，由外煤引燃砖体内燃煤燃烧产生近1400度高温，直至砖坯烧成通红，最后冷却得成品砖。这个看似简单的生产流程，却包含着复杂的工艺，尤其是烧砖（俗称烧窑）过程中技术含量相当高。火候不够出的是“欠火砖”，火头过了又成了“老火砖”，而火候恰当的合格砖，取决于窑师傅对加煤量、过火道、风道（烟道）等因素的综合把握，即练就的“老经验”。因此，民间盛传一句俗话：“窑师傅看火头。”

在砖瓦厂的建造中，施工难度最大的当属高耸的烟囱。经南京市砖瓦协会提供图纸，本地公认的草根专家邓毓海工匠负责具体施工。在判断好地基土层、承压测试、毛石混凝土打底厚度等技术参数和工序后，所有泥瓦工各行所能、通力协作，一座高60米、外径5米、底部内径2.6米、顶部内径1.5米的圆柱形烟囱顺利完工。与周边地区的砖瓦厂相比，蒋山砖瓦厂的烟囱最高，垂直误差最小，远低于规定的5厘米。建成后的烟囱，远远望去与固城湖畔保贤局17米挺拔突兀的定心标遥相呼应，成了蒋山村的又一个新地标，一度成就“湖畔定心标彩灯高悬，村边砖瓦厂玉烟蒸腾”。

靠山吃山，靠水吃水。浩渺的固城湖给世世代代的蒋山人提供了丰富的渔业资源，连绵的山脉，则给取土、采石提供了便捷。地下的土、山上的石，经过人工努力，摇身一变，成了钞票。尤其是在原镇、村合作的砖瓦厂全部过渡给蒋山村委后，勤劳的蒋山人愈发对它上了心。生产、销售、管理，步步到位，经济效益逐渐攀升，直冲云霄的烟囱仿佛是巨笔在抒写：蒋山，变了！

很快，历史的车轮驶入了21世纪。集体企业改制、承包的浪潮波及蒋山，给蒋山砖瓦厂注入了新的活力。正当蒋山砖瓦厂蒸蒸日上之时，上级下达文件，鉴于制砖行业的取土、燃煤等高能耗，要求关停砖瓦厂。人们不理解：蒋山砖瓦厂靠家很近，方便蒋山人上下班，经济价值又明显，多年来帮助蒋山人摘掉了贫困帽子，这样一个聚宝盆，怎么能说停就停呢？适逢村委换届，经过公推直选的新一届村委领导将大家集中起来算了一笔账：砖瓦厂就在原址旁边取土，1万块老式实心砖（俗称标准砖）需耗土17方，如果每天按8万砖计算，耗土就是136方；一年按10个月计，需取土40800方！这样下去，若干年后，子孙后代将不会再看到有山有水、山水环绕的美丽蒋山！如果再加上煤耗、高强度的劳动，尤其是严重的大气污染，蒋山的环境只会变样，社会的发展和文明进步也只会停滞不前。因此，关停是善举，是造福行为！

“绿水青山就是金山银山。”2013年，砖瓦厂全面关停，高耸的烟囱也因安全隐患被拆除。近30年风雨，厂房古朴的黄砖墙俨然变色，如同一位饱经风霜的老人。然而，“塞翁失马，焉知非福”，聪明的蒋山人已经有一个设想，随着文化兴村的思路不断拓展，结合方兴未艾的蒋山旅游热潮，他们要将原有的砖瓦厂窑洞进行重新包装打造并对外开放，以强烈的时代反差和视角冲击，来展示焕然一新的生态名片，凸显蒋山村“全国美丽宜居示范村”“全国生态文化村”的独特魅力！

花山大桥

——飞跃时空的湖上壮歌

大花山迤逦而来，势若长蛇，灵钟善地；

小南湖生成入画，形同明镜，照透人心。

这是清朝高淳秀才胡齐佳描写故乡美丽风光，又颇含理趣的一副绝妙对联。对联通过想象将“花山”与“固城湖”（小南湖）融汇在同一幅图画上。如今，高淳人民通过一座气势磅礴的大桥将“花山”与“固城湖”相连，并且交织成了一幅实实在在的可视可触的壮丽图画。这座桥，就是即将竣工的花山大桥。

建设中的花山大桥

花山大桥是高淳区环湖线的一部分，跨越固城湖。主线西侧向北接入S269，向东连接S123，新建公路9.818公里，桥梁约2.32公里，环湖线标准路基宽36.5米，是双向四车道一级公路。花山大桥西面从水慢城上桥，东头从蒋山村上岸。主桥设计为“扬帆起航”斜拉桥，桥梁主跨设计为100+50+100跨径，其单柱式“四拱一塔”结构类型为国内首创。主塔采用“心”型拱塔结构。从立面上看，拱塔微微偏向一侧，整体构造富有动感，犹如一艘行驶在固城湖上的帆船，与高淳区“中华民间造船水运第一县”的美称相呼应。

花山大桥落成以后，固城湖南侧将出现一条重要的交通要道和景观大道。想象一下吧，当您和您的朋友与亲人驱车到了高淳县城，品尝了美味的固城湖螃蟹，走过了悠长古朴的高淳老街以后，您不想到固城湖上去一览湖光山色么？您一定会驱车进入水慢城，从水慢城驶上花山大桥。这时候湖风吹拂，碧波荡漾，呈现在您眼前的是一个烟波浩渺的水世界。您不免放慢了车速。远处，花山巍巍，金山隐隐。这连绵的群山召唤着您，这波涛起伏的湖面托送着您，这宽阔绵延的大桥牵引着您，您在饱览湖光山色的时候，在赞叹这雄伟壮丽的大桥的时候，不知不觉，已经到大桥的顶头——美丽的蒋山村。

蒋山村，一个有着深厚文化底蕴的村庄，一个曾经让韩国的“东国儒宗”崔致远迷恋的地方，这难道不会让您也迷恋止步？

花山大桥（设计图）

花山大桥的开通，必将会吸引周边的游客光临，不仅为高淳南部打开了一条金色通道，为固城湖增添亮色，也为美丽的蒋山村赢得了又一次发展的巨大机会，蒋山村必将与高淳人民一道唱响一曲湖上壮歌！

渔樵耕读

灵秀蒋山

老宅逢春，满屋书香，不仅萦绕在蒋山村落四周，更浸润在蒋山村民的心间。他们清楚，时间可以改变老宅的面貌，而老宅乃至整个村落的文化底蕴，定会随时间流逝而传承久远，永襄子孙。

蒋山书舍

——老宅逢春书溢香

傍山临湖的蒋山村，环境优雅。在村庄洁净的道路上漫步，图文并茂的文化墙是一道风景线；圆石堆砌的院落又不乏原始村野气息。多达27栋的老建筑，折射出蒋山“千年古韵”的沧桑历史。与村子里耸立的小洋楼形成鲜明对比，老民居斑驳的院墙，青砖黛瓦，俨然一派江南情调，别具韵味。这里面，最具有文化气息的当属蒋山书舍。

据蒋山村路氏后人介绍，蒋山书舍所在房屋，原为出生于清代末年的路氏第14世孙路景德名下私宅。新一轮美丽乡村打造中，蒋山村委多方筹资收购置换这座老民宅后，不断修缮，在保留原建筑风貌的基础上，加固墙体，更换椽子、木梁，整饬一新的书舍于2017年底对外开放。老民宅不但有了动听的名字，书舍内部也重新设计，利用原建筑前后两进的基本结构，第一进采用20多根立柱支撑，中间为

蒋山书舍

框架式开放书橱，直达屋顶；两侧共有书桌5张，均配有古色古香的实木椅供读书休闲之用；书橱后面设有小型会议厅，厅西侧为精致的厨房，东为卫生间及过道。过道直通第二进，两边有院墙围挡，构成一个别致的小院。砖石铺就的庭院地面中央，植有一棵苍老从容的柿子树，寓意“事事如意”。第二进匠心独具，设计为卧室3间，每间既有舒适的沙发、书桌，也有宽大的床铺，均以玻璃为幕墙，人在室内，可读书、品茗、休憩，抬眼望去，小院景致尽收眼底。

清雅的阅读空间

“先祖创业勤弥贵，老宅逢春书溢香。”书舍大门上的这副对联，耐人寻味。这里的先祖，指的是明代中叶从溧水蒲塘桥迁来的高淳花山路氏。据《路氏家谱》记载，路氏祖训“尚德”，注重敦品勤学、耕读传家，尤其对后代劝学读书用心良苦。或许正因如此，如今的路氏后人看到当年的祖宅被辟为书舍，无不欣慰异常。老宅逢春，满屋书香，不仅萦绕在蒋山村落四周，更浸润在蒋山村民的心间。他们清楚，时间可以改变老宅的面貌，而老宅乃至整个村落的文化底蕴，定会随时间流逝而传承久远，永襄子孙。

凝望书舍一厅一窗，一步一景，不由想起清代文人葆光子笔下的优雅书舍。作者写黎阳（今河南省浚县古称）书生纪纲，年少时胸怀大志，极其喜爱读书。他将旧宅修葺一新，作为书舍。这栋书舍，环境优美，与众不同。文中说它“前则疏渠引泉，清流见底；后则高峰入云，两岸石壁，五色交辉，青林翠竹，四时具备。晓雾将歇，猿鸟和鸣。夕日欲颓，沉鳞竞跃”。纪纲的书舍，依山傍水，猿啼鸟鸣，宛如仙境。与之相比，如今的蒋山书舍毫不逊色：东依青山，远眺九龙山、大花山，连绵巍峨；西傍秀湖，近看水色旖旎，碧波荡漾，浮光跃金。目及处山清水秀，树木葱茏；侧耳听燕语莺啼，渔歌唱晚，一派人与自然和谐相处的祥和之景。若是清风徐来，静坐书舍，可闻听不远处何家古港涛声拍岸，令人浮想联翩。

环视书架，政治、文学、科学、健康、休闲等书籍依架摆放，琳琅满目。万余册图书丰富了村民的文化生活，给翻阅者提供了一种精神上的享受。从总角孩童到耄耋老者，无不踯躅书舍，流连忘返。一本书、一杯茶、透窗而入的一米阳光，耳畔一首古筝曲《汉宫秋月》，更让一个外来的游客情不自禁悄然落座，心生远离尘嚣之感。俄而，窗外传来几声鸡鸣犬吠，又恍若置身于五柳先生的“桃花源”中，更有唐代吴筠“超然契清赏，目醉心悠哉”的意境。让人不无感慨：能得这心灵洗濯和精神滋养的蒋山人是幸福的。

汗牛充栋的图书

马家垄1953

——乡村校舍的蜕变与重生

古汉唐驿道蒋山段，与东123省道相拥的地方是个小山村，因村子在九龙山、金山的西向余脉上，地势较高，故叫“山上村”。村子由相隔一二百米的两条垄组成。向南，以蒋山为屏的是汪家垄；与明家相望，以花山作靠的叫马家垄。两条垄均以垄背为主干道，典型的两三层高不等的江南民居散落在两边的花果树中。家家套院，户户种花，环境干净优雅。在马家垄西村口显眼的位置上，比较大的开阔空间里，一幢占地

马家垄1953外景

马家垄1953内景

60多平方米，屋顶“人”字斜面连廊的平房赫然映入眼帘，这就是这个村的地标式建筑——马家垄1953。

2019年，蒋山村第二轮美丽乡村打造，“马家垄1953”是江苏“米思建筑”团队蒋山实践项目，是由一座旧校舍改建而成的村民活动室。开放敞亮的屋顶，突破平房低矮造成的压抑。看起来简陋、单薄的“人”字架，却在诉说着岁月的沧桑。灰色屋面与白色墙体勾兑的严谨，被南连廊斜出几分俏皮，配以橘黄的木地板，显得色彩调和，庄谐相济。特别是连廊屋面有一榉树伸出，取势积极而蓬勃向上，这样，村民活动室文化引领的主旨就呼之欲出。

从这寓意深远的建筑，不难看出米思团队在乡村发展实践上匠心独具。透过这古朴风貌与现代理念并存的现象，律动着现代乡村的蝶变轨迹，这变化的过程，一定有着一段鲜为人知的时代脉络和人文肌理。

翻开村史，村庄形成仅150年左右。汪姓、马姓大多从湖北迁徙而来，也有些姓氏是清末民国初年避兵燹、逃水荒来聚居的。据现阶段统计，村子总人口仅263人，姓氏就有18个之多。起初，大家都曾是漂泊度日，彼此就多了份理解。自定居后，他们深谙“三千买邻，八百买舍”的古训，抱团取暖，守望相助，并积极与周边本土村民融合，山川同域，共存共荣。

当地有句民谚：三代不读书，放出来一圈猪。这话糙但理不糙，比较形象地说明他们对读书的认识和对读书的迫切需要。要读书首先得建学校。1952年，山下的大村子何家村兴办起了学校。第二年，山上村就自建草房做校舍，搭好泥草课桌，申请并创办了“山上小学”。望着一张张稚嫩的幸福的脸，听着高低起伏的读书声，山上的村民看到了希望，内生出改变家乡的巨大力量。随着区域经济和教育形势蓬勃发展，山上小学几次易址，越办越好。20世纪80年代，由教育部门全额拨款，兴建了四间宽敞明亮的校舍，这就是“马家垄1953”的前身。半个多世纪来，山上的村民和他们的后代，先后接受了孔祥雷、张芳玉、孔令和、汪跃凤、张乃申、彭效良、汪新华、明新水、张全美、何志红、罗小春等十几位老师的发蒙、点拨和教导。与其说是教育的成效，倒不如说是村民的远见，迄今为止，这个小村子先后走出律师、教师、工程师、公务员、高管、民营企业家等三十多人。

20世纪末，高淳教育规划布局调整，山上小学并入何家小学，校舍就住进了几位五保老人。2019年，山上村所属的蒋山行政村安置好五保老人后，将闲置的旧校舍经“米思建筑”打造成村民活动室。议事、读书、开展文化交流，这里又亮起了一盏延续文明、引领村民发展的灯。

在这灯光的辉映里，山上村民将村边小庙改建成夫子庙，祈盼子孙文昌武略，也祈盼祖国国运亨通。在这灯光的辉映里，他们寻族根、修家谱，行孝道、倡开化，矢志延续我中华脉血。

正是这千千万万盏灯，中华文明得以薪火相传，万代传承。马家垄1953，不仅仅是一个现代乡村实践的缩影，更是一个新的文明的起点。

蒋山废圩

——围湖造田往事与反思

蒋山圩，在固城湖的东南角，如今已不是真正意义上的圩，因为它已安睡在固城湖的碧波中了。

坐游艇上何家港码头，可见从固城湖东岸向西，一条芦苇参差、布满碎石的长堤倔强地伸向湖心。没入水中的土堤上，出水的芦苇高昂着头，与西面几处从堤基上挺出水面的高秆植物形成呼应。只要当地人略加指点，稍稍揣度，一个蛰伏在水下的矩形的蒋山圩就明了可辨。

蒋山废圩 ①

筑蒋山圩曾经是一个壮举。早年，围湖垦荒，古丹阳湖西边的相国圩、永丰圩相继围筑，促进了高淳人口的大增长。湖北岸乃至东岸的筑城圩、天保圩、跃进圩、德城圩、花联圩，一度为高淳人民的生存和发展作出了较大的贡献。20世纪70年代初，为挡皖南山区下泄的洪水，高淳六个乡的民工合力在固城湖南线高淳境内筑成了一道防洪埂，但因次生水患对宣城狸桥临湖村落构成威胁，一场官司使高淳的防洪埂变成了宣城狸桥的“大联圩”。此后，高淳围湖造田，相继形成面积逾万亩的永胜圩和永联圩。固城湖域新形成的三座稻米丰产的大圩，均是举一乡或数乡之力，靠人工手挖肩挑而成。在“以粮为纲”的大环境下，临湖的蒋山大队怎能不跃跃欲试，争着去分享“围湖造田”的红利？于是，七十年代末，一个宏大的计划在11个生产队组成的蒋山大队扩大会议上形成：举全大队之力，花三到五年时间，在村西边湖滩上筑一个千亩以上的蒋山圩。这在以前的一家一户，想都不敢想。蒋山历史上，临湖的何家、吴家，有地势较高的石板村埠、围龙埠、高丘坝，虽汛期常有险情，但一般没有涝灾，这样埠子、坝内的田块就被称之为熟田；濒湖地势低一些的李家圩、何家埠则十年九涝，土改后被称为“水淹泡田”的两个埠子，就悉数被分摊到数个生产队。发水迟的年份能勉强收到“午季”（麦收作物），秋粮呢，总是遭水淹。筑蒋山圩，就意味着不但连年遭水淹的散滩田能旱涝保收，而且全大队每人还能增加半亩多田。如此好事，怎能不使每个蒋山人激动与憧憬？锄头没挂枋，腌菜没上缸，冬季刚刚到来，蒋山大队就把猎猎的红旗插到湖滩上。

筑蒋山圩这一浩大工程得到了上级部门的支持，杨家湾闸提前放水，平时波浪滔天的固城湖，一进农历十月水就被放个半空，只剩半边湖水。定位、放线、筑外围挡浪埂，一个月下来，西边的圩基成形了。接着，北线、南线跟着筑起来。只一个冬天，蒋山圩就有了雏形。春节三天年一过，蒋山大队上堤筑圩的锣就敲起来。圩堤上，寒风中，数百蒋山人又在“蚂蚁搬蚯蚓”了。那时，蒋山每家的门口都能见泥篮、挖锹、泥丫叉。平时农闲出村讨活的手艺人，也去挖土筑圩，就连上初、高中的学生都在星期天去圩堤挑土。土方以生产队为单位，按人口分解到户，并与生产队称口粮捆绑，这样每家每户就想尽办法出工，以保质保量完成土方，通过验收。

一个生产队一般在规定的区域集中取土。因是湖底，淤泥板结，用锹能轻易挖出土块。泥篮的绳固定在扁担上，扁担架在半人高的泥丫叉上，每只泥篮里挖四块土，呈“品”字形放置。挑头筹的领先起担，一个生产队的人鱼贯跟上，泥土挑上堤，再倒在每户的土方任务区域里。如此辛苦劳作，总人口不到2000的蒋山大队，到八十年代初，硬是筑成了蒋山圩。然而，因堤埂薄弱，临湖又缺乏块石护坡，成圩后，经不住汛期的洪水冲刷，经年累月的投入只能收到一点微薄的回报，粮食丰收的憧憬化为泡影。

蒋山圩，曾经寄托着蒋山村人的巨大希望，但围湖造田的得不偿失，迫使人们最终无限惋惜地放弃了它，看着南、北、西三条土堤浸入湖水中……

蒋山圩的修筑耗费了大量人力物力，拖累了蒋山村，是蒋山村“光棍多、草垛多、懒汉多”的重要原因之一。但三十年沧桑变化，现在的蒋山村却又一跃成为南京市百强村、全国生态文化村，期间的巨大转变不得不让人深思！

今天，徜徉在固城湖东岸，流连在何家港码头，穿行在环湖风光带里，固城湖静如处子，蒋山村美比蓬莱，生态彰显、文化自信、经济发展，蒋山村活力四射，这真应了习总书记的话：“绿水青山就是金山银山。”

蒋山废圩②

湖畔蟹情

——秋风催人捡蟹忙

高淳史为三湖环抱，南拥固城湖，北濒石臼湖，西连丹阳湖。三湖风光秀丽，物产丰富，水禽、鱼类均达上百种，水生植物有几十种之多。如今，高淳螃蟹已经名扬天下，爬上了全国各地老百姓的餐桌，并且固城湖、石臼湖、丹阳湖故地出产的高淳螃蟹都有了一个共同的品牌名称：固城湖螃蟹。2009年，“固城湖”螃蟹被国家市场监督管理总局认定为中国驰名商标。

固城湖螃蟹

其实，高淳固城湖螃蟹自古有名，被称为高淳水产品中的“三珍”（螃蟹、银鱼、野鸭）之一。明代末年，清军入关，天下大乱，安徽和县诗人戴本孝在战乱中带着家小自铜井迁往高淳。那时正值春天，他一进高淳，就看到湖边岸石上一座一座的蟹舍，“古矶峭石相撑县，渔家蟹舍巢其巅”。于是，就卜居湖边。

秋天到来了，固城湖上芦苇枯黄，芦花飘飞，天空野鸭阵阵，映

照在夕阳下，是如此的美丽！固城湖的湖水都退了，露出大片大片的浅滩、塘洼与湖岸线，这时候，固城湖里的螃蟹也肥了，住在湖边的蒋山老百姓也有口福了，他们争相到湖边捕蟹。

螃蟹可以用网捞，可以“钻猛子”（潜水）去摸，也可以瞅准了湖面一窝一窝的水草，把水草捞起来，搜出那些窝藏在草里“睡觉”的呆头蟹。蒋山村民其实也有更巧妙的“捡”螃蟹的方法。

秋风吹痒了蟹脚，将螃蟹吹向了固城湖的东岸，惊扰了东岸蒋山村民多少个夜晚。有月亮的晚上，螃蟹沙沙地爬到湖滩上来，嘴里“滋滋”地吐着沫，发出很响的声音。蒋山老百姓就拿一只手电筒或者马灯，用一根棍子挑着，插在沙滩上，附近的螃蟹见了，纷纷聚集过来，在亮光下快乐地“跳舞”。这时候，只要伸手，就收获一只只肥硕的螃蟹。

清代末年，蒋山村隔壁住着一位有名的地方诗人，叫孔昭云，他写有好几首描写自己食蟹的诗歌：“渔人赠我一只蟹，我一见之朵颐解。”（《食蟹》）“渔人赠蟹非成例，一只霜螯照旧年。”（《八月晦日食蟹》）“公完身得闲无事，一只霜螯酒一觞。”（《重阳》）吃螃蟹的快乐洋溢在诗人的字里行间。

固城湖自古盛产螃蟹，蒋山村人捕蟹吃蟹，连酒令也以螃蟹为题，如果你到蒋山村来，或许就能够看见几个村民一边喝酒一边吃蟹，也许你还会听到他们在行着螃蟹酒令呢——

一只螃蟹八只脚，两只大钳往前夹呀，
金佛手，佛手传，——一定高升！

两只螃蟹一十六只脚，四只大钳往前夹呀，
金佛手，佛手传，——两家有喜！
……

趣遇甲鱼

——湖滩上爬来的美味

湖滩上爬来的美味

“小南湖，甲鱼大，芒种一到往岸上爬。钻土洞，挖泥砂，碰到个三癞痢翻钉耙，一窠甲鱼子白花花……”这是蒋山村湖边人家流传的一段甲鱼产卵后被发现的民谣。

甲鱼，俗称老鳖，也叫团鱼、王八，是水乡泽国常有的水产品。固城湖盛产野生甲鱼，肥硕体大，五六斤只是寻常。常言说“靠山吃山，靠水吃水”，固城湖东岸的蒋山村，村民依湖讨生活的很多。由于村基高，临水又有几片树林，湖东边是甲鱼上岸产卵的理想处所，夏季村民在湖边空手捡拾甲鱼，巧遇一窝甲鱼蛋，是常有的事。

每年的五月中旬开始到入秋，雌甲鱼上岸产卵。芒种到大暑时期，常常有村民夜间在湖滩上守甲鱼。夜深，万籁俱寂，守候者屏息细听，草丛中有异样的“沙沙”声，或是树林里有拨动树叶的“窸窣”声，八成就有一只大甲鱼了。这时守候者快步上前，按亮手电筒，用穿有胶鞋的脚轻轻踏在甲鱼背上，凶猛的甲鱼迅速伸出头来乱咬。待判断到甲鱼头的位置后，随手将甲鱼翻个底朝天，正当甲鱼用头撑着翻身时，瞅准它的两后腿腋窝出手狠狠掐住。随着一只只肥大的甲鱼收入囊中，守候者一脸的倦意就烟消云散了。

甲鱼一年中会多次产卵，一个成年雌甲鱼整个夏季一般要产卵3—5窝，每窝20枚蛋左右，多的达30枚。甲鱼对选择产卵的地点很讲究，背风向阳且无积水的树荫和草丛是它们的首选，松软湿润的沙粉土层是它们的最爱，因为那里最易挖洞，又好掩埋、雪藏甲鱼蛋，保温还保湿，很适合甲鱼蛋自我孵化。蒋山村临湖水域较长，恰巧有一块狭长的沙垄和多处树林，最招引甲鱼来产卵。据村民说，在湖边逮到的都是大甲鱼，都是那些每年习惯来这里产卵的甲鱼，不慎“阴沟里翻了船”，失算了。当然，也有许多甲鱼善于“斗智斗勇”，产完卵，掩藏好，机灵地返回固城湖里。

有句俗语很值得玩味，叫“团鱼望子”。说的就是甲鱼产卵掩埋后，快孵化出小甲鱼时（35天左右），老甲鱼就会到不远的水域守望。因甲鱼每隔一小时要露出水面呼吸一次，因此风平浪静时就能经常看到湖边不远的水域中时常有甲鱼冒头，由此也招来捕猎者。捕猎者甩出长长的铁钩，钩住水中甲鱼外壳的软边，其捕猎手法之娴熟准确让人惊叹。

非甲鱼产卵季节，湖边人家也有用猪肝做诱饵的铁钩钓甲鱼者。甲鱼牙齿很硬，如果钩子质地不好，上了钩的甲鱼也能把铁钩咬断。据老辈人讲，甲鱼性情凶猛，口齿很重，咬到东西是“死不放”。若要甲鱼松口，传说是必须恰逢天上打雷；另一说法是用细棍塞住甲鱼两个小鼻孔，逼得它无法呼吸，也会松口。甲鱼如此凶狠、霸气，然而当品尝到甲鱼的美味时，村民捕捉甲鱼的热情依然不减。

现在，由于生态环境得到保护，固城湖野生的甲鱼也多了起来。说不定你走在蒋山村濒湖的湖滩上就能够发现一只大甲鱼、一窝甲鱼蛋呢！

花山樵唱

——隐逸生活的典型场景

蒋山村由多个自然村组成，如何家、吴家、李家等。旧时这些自然村村名前往往冠以“花山”二字，如“花山何家”“花山李家”“花山吴家”。花山，是蒋山村附近最有名的一座山。如果说高淳著名的游子山是一座春天的山，那么，花山则是一座秋天的山。花山上古有“高淳四宝”之一的白牡丹，演绎出生动的故事。如今古老秀气的玉泉寺依然

花山雪霁

渔樵耕读

深藏林荫之中，“玉磬金钟敲佛地，泉声松韵锁禅门”，幽静雅致。

花山以杂树为主，春来，绿树浓荫，草长风轻；秋去，黄叶飘零，枯草连天，正像李斯佺诗歌里所描写的“木叶纷纷满路岐，更余衰草乱山陂”。

暮秋时节，沿着山上曲曲折折的羊肠小道，穿过掉光了叶子的古藤虬枝，登上花山顶，极目远眺固城湖，群山环峙，湖水清寒，白帆远影，芦花凄迷；回望花山，怪石嶙峋，落叶满地，山空谷寂，景色苍凉。这一派水瘦山寒的秋意图是如此夺人眼目，一种秋的悲凉凄清的美感顿时袭上心头！

花山秋景，很契合失意文人、左迁官员的情感，如果忽然又看到一个中年汉子，或者一个白发老人，肩挑两捆柴火，从山上一路歌声走下来，不免让人产生“山中亦可全高节”的隐居之意。

“白发渔樵江渚上，惯看秋月春风”是《三国演义》里的开篇词，它道出了中国文人——不管是得意的还是失意的文人内心深藏的隐逸情怀，而固城湖边，花山脚下，正是“渔樵”的理想场所。由此可见，明代高淳县令顿锐在“高淳八景”里列出一个“花山樵唱”，而不是“游山樵唱”，是颇具审美眼光的。

“樵唱”是一个自由惬意的隐逸生活的典型场景，是一种与尔虞我诈、污浊不堪的官场相对照的理想生活。中国古代文人，不管是居高位还是处江湖，大多有一种樵唱情结，虽然他们不一定真的去过这种其实比较辛苦的生活。

明代高淳县令黄大源《花山樵唱》诗：

谷口路仍滑，山椒岐已分。
斧斤临绝巘，蓑笠挂闲云。
啸散空山应，歌翻隔岸闻。
归来寻旧路，回首见斜曛。

樵夫在绝壁“坎坎伐檀”，砍柴之声回荡在山谷；抬头望去，只见樵夫披蓑戴笠，与白云相伴。这是独立绝顶的“高人”，或许也是隐居山中的“高人”！

樵夫时而长啸一声，空谷回响；时而放歌山顶，歌飞固城湖。这种自由的生活，是混迹于官场，必须谨言慎行的文人所向往的，向往而不得，向往而不愿意亲历，于是就纵情于纸笔，在精神上来完成这一段樵唱生活。

高淳教谕干凤的七绝《花山樵唱》，语句明快，却心意委婉：

腰镰手斧脚芒鞋，朝出樵山暮始回。
不向山中看棋局，山歌一曲下山来。

明明把山中的生活写得那么轻松惬意，却偏不愿意迷恋山中：“不向山中看棋局，山歌一曲下山来。”“看棋局”用的是一个典故，说晋朝时有一位叫王质的人，有一天他到信安郡的石室山去打柴。看到一童一叟在溪边大石上下围棋，于是把砍柴用的斧子放在地上，驻足观看。看了多时，童子说“你该回家了”，王质起身去拿斧子时，一看斧柄（柯）已经腐朽了，磨得锋利的斧头也锈得凸凹不平了。王质非常奇怪。回到家里后，发现家乡已经大变样。无人认得他，提起过去的事，有几位老者都说是几百年前的事了。原来王质石室山打柴误入仙境，遇到了神仙，仙界

花山玉泉寺

一日，人间百年。干凤在这里用这个典故，不就是暗示山中的生活是神仙生活么?

如果说“花山樵唱”引起了文人的神往，白牡丹与玉泉寺则更受普通老百姓的喜爱，它们共同促使花山声名远播。由此想来，蒋山村各自然村争着以花山命名自己的村庄则是自然的了，因为花山让他们自豪，花山的这种诗意已经融入了他们的血液里，成为他们生命与情感的一部分。

家族文化

钟林毓秀的花山脚下、蒋山之傍、固城湖滨，居住着诸姓村民，虽迁居时间不一，然世代友好相处，共同耕耘着蒋山这块热土，并经营着各自的家族文化。参差错落的民居是其栖身之所，祠堂庙宇是他们的精神家园，而家谱则书写着他们的家族历史与文化。

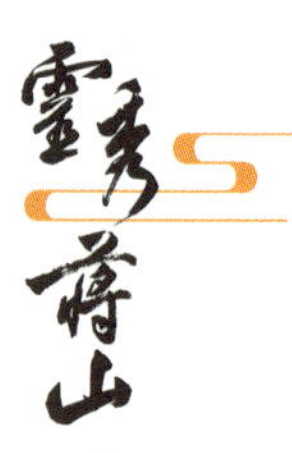

姓氏寻根

——追寻血脉的源头

蒋山村因蒋山而得名。蒋山与小金山、大金山、九龙山、大花山、木竹山、马鞍山、秀山等属天目山山脉的余脉，与茅山山脉的余脉在固城全村渡胥河底衔接，构成高淳的东部屏障；西部则是固城湖、丹阳湖、石臼湖等湖泊连成的古丹阳大泽。在湖泊与陆地相连的大片土地上，早就有高淳先民活动，新石器时代的薛城遗址与具有良渚文化特点的朝墩头遗址即为明证。周景王四年（前541），吴国在高淳固城遗址建濑渚邑。约周敬王十四年（前506）之前，吴王阖闾为伐楚采纳伍子胥建议凿通胥河，以资军运。胥河开通以后，丹阳大泽洪水东流下泄太湖，固城湖、丹阳湖、石臼湖三湖析出，周边形成沃野，于是有了后来的相国圩等圩，大批先民以圩为家，安居乐业，处固城湖东南的蒋山地区，也开始有先民在此或渔或樵。汉唐时代，一条驿道经依山傍湖的花山、蒋山狭长地带穿过，此处人烟逐渐稠密。

相传，在唐安史之乱以后，有宜兴人蒋氏兄弟逆胥河而来，循金山淘金，定蒋山栖居。因此山最早系蒋氏居住，就此得名“蒋山”。后来，该支蒋氏因金山已无金可淘而迁往别处。

至南宋前期，宰相何执中之孙，时任枢密使的何文忠（1165—

1235），抗元兵南下，发现花山地区土地肥沃，山上群鸟啾啾，湖中波光粼粼，驿道交通便利，便从安徽庐江香林塘举家迁来花山。从此，拉开了花山地区外迁姓氏群居开化的序幕。

紧随何姓迁来花山地区的是吴姓。元末明初，蒋山吴姓迁始祖吴犨由高淳南塘来花山开基建吴家村。吴犨系南宋进士吴柔胜（1154—1224）后裔，祖上曾招赘在茅城。南宋进士吴柔胜生吴泳（葬固城蒋山），泳生瑎，瑎传宝文，宝文生锡，锡衍元禅。元禅生三子，长子吴范住南塘，次子迁溧水，三子吴犨为花山始祖。

至明朝定都金陵后，朱元璋休养生息，鼓励老百姓拓荒垦田，大力发展农业生产。明洪武四年（1371），现蒋山村的李姓迁始祖与保胜港口、双塔驼头的李姓先祖一道，从溧水芝山来淳。明中叶，蒋山路姓先祖也从溧水蒲塘桥来花山，与之前定居的吴姓共同繁荣着吴家村。一时，固城湖东、南至宣城郝家、北到固城秀山十多里长的区域，炊烟袅袅，鸡犬相闻。花山地区何、吴、李、路等各家族依山而居，临湖共享，和睦相处，共生共荣。

然而，就像人类长河总是充满弯道和波折一样，历史似乎是要有意磨炼人的意志，考验一个家族传承发展的坚韧和张力。蒋氏淘金，留下一堆堆小山后，因真金难寻，另寻他处。宋元更替之际，元兵南下。传说何姓家祠因建制超高，遭焚毁，何氏子孙为避追杀，散落狸桥章村、漆桥里溪、漕塘周岗和草庙、溧水白石观等地。后数百年韬光养晦、励精图治，花山何家再度振兴。距今370年前，何姓人口自然分化，有一部分迁至村后三里处，成就了现在的“盛前村”。

清道光二十九年（1849）大水，固城天保圩蒋家墩数户蒋姓迁花山脚下建蒋家。湖北江汉大水成灾，大批灾民漂泊来淳，湖东花山地区张开宽大、温暖的怀抱如数接纳，于是，汪家垄、马家垄、明家三条垄逐步形成规模，形成了一个统称“山上”的村子。

多年以来，民风淳朴、区域富庶的花山地区，每逢大水，总会招来不少高淳圩区和外乡的好男儿，因联姻而寓居花山地区各村落的姓氏逐渐增多，王姓、杨姓、陈姓、唐姓、邢姓等，也在蒋山这块美丽的地方繁衍生息。

现在的蒋山村，环境优美，文化自信，乡风文明，正是各姓氏团结和谐、共荣共享的真实写照。

蒋山村新貌

何氏宗祠

——古为今用的家族殿堂

据《花山何氏宗谱》记载，北宋哲宗年间，正献公何执中为躲辽夏寇乱，由庐江迁居和州香林塘（今安徽含山县），生五子，衍十六孙。何执中去世后，其孙何文智、何文化、何文节、何文魁、何文忠相继迁出，散居于各地。遵“非山不居”的安家祖制，何执中的五个孙子均择山而居。

宋宁宗庆元元年（1195），何文忠登科。庆元六年（1200），何文忠任枢密使。元兵南侵时，何文忠南下得闲，一度寄情于山水。有一天，何文忠来宛陵菱水（固城湖）游玩，不知不觉中来到了如今的何家村。他环顾四周，只见花山连绵，竹树苍翠，固城湖波光粼粼，烟波浩渺。所立之地依山傍水，气势磅礴，湖光山色，风光秀丽，良田美池，土膏地沃，确是风水宝地，居家之所，又合何氏安家祖制，于是，何文忠便携家眷择此地落户，成了高淳花山何氏的始迁祖。

何文忠是朝廷大官，家财殷实，丁口众多。迁居花山后，何文忠经过数年经营，终于建起了大庄园，圈起了大花园，造起了高大的“何氏宗祠”，成了富甲一方的望族。何氏宗祠前建有戏楼、门厅，后建有族人的食宿用房，中间享堂巍峨高耸。宗祠东倚花山，西衔秀湖，南北大道通衢，取堂号“昭穆堂”。但好景不长，何氏宗祠建成仅仅八十年，南宋就灭亡了。元军大举南下，很快就占领了花山地区。据说，元军见何氏宗祠高大宏伟，觉得犯了皇家建制，便命军队放火焚烧，并抓捕何氏族人。何氏遭遇劫难，宗祠一片废墟，触目惊心，儿孙泪伤，四散避难。清乾隆十八年（1753），经过数百余年的休养生息，花山何氏家族积累了一定的实力，元气渐渐恢复。族中绅缙何周南、何居仁、何居恒，何子琏、何耀南、何廉山等在族中动议，倡建家庙。何氏一族纷纷应和，集粟二百八十担，当年动工，历时三年方落成。新建之何氏宗祠，仍为三进，中进三间享堂为木格雕花屏风门。门厅为砖石砌八字形门，门堂砖雕，刻有人物画像、花鸟瑞兽，门座石雕花卉。室内雕梁画栋，板画、壁画栩栩如生。清光绪三年（1877），花山何氏又一次修缮油漆宗祠，何氏宗祠焕然聿新。

“文革”期间，何氏宗祠戏楼、门楼、后进均被毁，只有中进享堂幸存，但门窗木刻、石雕、砖雕也皆凿毁殆尽。祠堂里，两棵清嘉庆年间所植的参天柏树仍挺拔直立在天井里，仿佛在向过往的游人倾诉着宗祠的沧桑巨变。

2013年，花山何氏族人动议，由何腊保、何雪定等发起并带头募捐，重修何氏宗祠。何氏族众修缮享堂，重建门楼，整修东厢房，新辟西碑廊，增享堂露台，铺墁新庭院。不久，又将东厢房改建成何氏“家训堂”。新修之何氏宗祠沿承旧貌，秉承徽派建筑特色，美轮美奂，古色古香。何氏宗祠供奉先祖何执中和其孙何文忠的神位，与中间高悬的“昭穆堂”匾额互为映衬。东西两壁

何氏宗祠内的古柏

的“忠”“孝”“廉”“节”四字，刚柔相济，警世醒人。享堂东西壁画，人物形象栩栩如生，寓意深刻。院内古柏参天，苍老从容。前面门厅砖雕、石雕，内容丰富，工艺精湛。

如今的何氏宗祠是何氏族人缅怀先祖、发扬家风的精神家园，更是太平盛世弘扬先国后家理念、促进社会和谐、引领民间文化的理想场所。2015年，蒋山村在区相关部门的关心下，结合何氏家规，把花山何氏的孝文化和社会主义核心价值观有机地结合起来，借助何氏宗祠的“家训堂”创立了“高淳区家风教育基地”，开设了“道德讲堂”，不断提升和放大姓氏家规、家训的社会效应。

何氏宗祠规模宏大，文物价值高，1984年被列为县级文保单物；2012年3月经何裕仁、何腊保积极申报，被核定批准为市级文物保护单位。

何氏宗祠

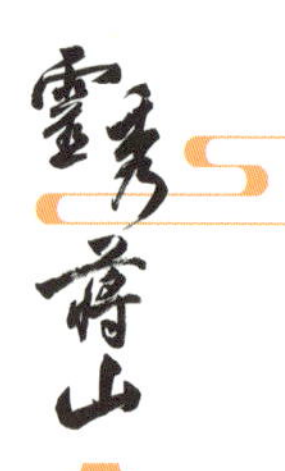

路氏宗祠

——家族情的重塑与新生

《花山路氏宗谱》记载：“路氏，姬姓。路氏之先出于帝挚子元。尧时，封于中路。历虞夏，称侯，子孙以国为氏。或曰：路氏，炎帝之后。黄帝封其支子于‘潞’，后去水为‘路’，以为姓氏，其说不同。”“路氏家谱”中的这段话叙述了“路”氏得姓的两种来历，交代了路氏得姓的缘由。

“颍川毓秀肇其远，淳水发祥流泽长”，这幅源自《花山路氏宗谱》的祠堂对联，道出了花山路氏的迁徙源流。花山路氏尊路天祚为始祖。宋代，路天祚自颍川迁居溧水蒲塘桥。明朝正德年间，路天祚裔孙路履祐自蒲塘桥迁居高淳花山，于此肇基开叶，繁衍生息，渐成望族，自成“花山路氏”，路履祐即为始迁祖。自明正德年间开族以来，花山路氏曾建有祠宇一座。

路氏宗祠

“路氏宗祠”前后两进，即门厅和寝堂，取堂号“尚德堂”。清咸丰年间，太平军攻占花山地区，肆意抓捕路氏族人，路氏宗祠也被太平军拆毁一光。一时间，血雨腥风，凶险异常，路氏族人四散逃命。同治元年（1862），天下渐渐太平，四散各方的路氏族人陆续回归，家族元气得以恢复。于是，路氏族人众议，决定派丁科费，购办房料砖瓦，沿承旧貌，故址重建路氏宗祠。新建之宗祠坐北面南，左为路氏族人聚族之所，右为吴姓错居其间。路氏宗祠东环花山，西临固城湖，南对蒋山。祠前有横涧一条，花山之水淙淙流淌，逶迤入湖。远处良田成片，膏腴之地。祠内神龛依旧，堂构重新。这里萃湖山之秀，饶稼穑之利，实乃风水宝地。

一百五十多年来，路氏宗祠屡有变迁，但一直存在。七十年代，路氏宗祠出现白蚁，且泛滥成灾，祠中木料遭白蚁啃啮，损毁严重，祠堂岌岌可危，几近坍塌。吴家村第二生产队拆除路氏宗祠，于原址改建为六间平房，做了生产队队屋。2017年5月，路氏族人决定重建宗祠，次月动工。经过四个多月的建设，耗资七十余万元，路氏宗祠终于在故址重建竣工。新建的路氏宗祠前后两进，梁枋雕刻花纹图案，屏风门镂空雕刻，花卉瑞兽栩栩如生，廊檐下是两排美人靠，门楼砖雕，门楣之上的“路氏宗祠”四个字遒劲有力。祠堂墙壁呈青灰色，墙体错落有致、参差巍峨，古色古香，美轮美奂。

路氏宗祠东与“蒋山书舍”为邻，并排矗立，相映成趣，成了蒋山村一处旅游景点。

吴李古祠

——宗祠今昔话沧桑

吴家祠堂

走进蒋山吴家村，就见一座古老的宗祠傍依着一片苍翠的树林，墙壁有的倾圮了，却依然能够让人从其雕镂精美的砖石里看出当年的繁华；屋架有的散落了，掩映在丛生的杂草里，却显示出一种苍凉之美。这，就是吴氏宗祠。

吴氏宗祠坐落于花山脚下吴家村的南面，宗祠对面是一望无际的良田，一条山溪于祠前蜿蜒流过。据吴姓村民介绍，吴氏宗祠曾建于固城湖边。相传，乾隆皇帝下江南，路过花山吴家村，他看见矗立湖边的吴

吴氏宗祠

吴氏宗祠砖雕

氏宗祠，于是对其微微一拜，以示尊重。没曾想，乾隆走后没多久，吴氏宗祠轰然坍塌。原来，祠基不硬，受不住皇帝一拜，自行倒塌了。吴氏族人惊愕不已，连忙清理旧祠，易址重建。

数百年岁月匆匆。年久失修，加之众所周知的十年劫难，一座豪华的家庙最终破败了。透过断垣残壁，人们依稀可见吴氏宗祠昔时的宏伟。宗祠前有门楼，后进寝堂，两边厢房。青砖黛瓦，全木结构。依凭散落的柱子和屋梁，人们可以想象旧时吴氏宗祠的高大雄伟。宗祠门楼虽已破败，但依然挺立在那里，“吴氏宗祠”四个遒劲的大字书写在苍老的门楼之上。微微泛黄的粉墙，雕着山水、花卉、人物等图案的残损砖雕，破旧的墀头，昭示着吴氏宗祠昔时的豪华。

岁月流年，沧桑巨变，这座古老的吴氏宗祠历经风雨的侵蚀和人为的破坏，处处写满了沧桑，成为历史的见证。

李家祠堂

无独有偶，蒋山李家村也有一座历经沧桑的“李氏宗祠”，这座宗祠坐落在李家村的西南边，面宽五间两轩，砖木结构，硬山式，属于清代建筑。早期，前有门罩与后进寝堂连成院落，东西围墙因年久失修而废弃。

李氏宗祠①

走进宗祠门楼，迎面所见的是一个偌大的庭院。里面空旷敞荡，芳草萋萋，绿树掩映。虽萧条冷落，但也不失勃勃生气。最北边是一幢青砖黛瓦的古建筑，这就是李氏宗祠的后进寝堂。推开一扇斑驳的大门，见四壁高耸。寝堂建筑均为木质结构，整体雕梁画栋，斗拱衬托，透过昏暗的光线，依稀可见金描彩绘，甚是大气生动。这座古老的祠堂建筑历经风雨，依然挺立。梁枋、斗拱、石雕、木雕、砖雕等，虽灰暗无光，但基本尚存。祠堂的结构布局、建筑材料、雕刻装饰可见清代李氏的兴旺。

据李姓村民介绍，李氏宗祠原来更为高大雄伟，旧有“登宗祠而望三湖”之说。现在门厅、中进已无存，后进寝堂在“文革”时做了生产队的队屋，生产队时时维修，寝堂遂保存至今。只是让人遗憾的是，生产队为维修方便，曾将祠堂的柱子全部沿枋下锯去数尺，大大降低了祠堂的高度。

如今，古老的吴氏宗祠、李氏宗祠静默在村头，仿佛随时向游人叙说它在过往岁月里的盛衰兴替。欣赏这些古祠，犹如穿越一段历史的长廊，犹如聆听一位苍老明世的长者心声。斑驳的瓦面、破损的青砖、古朴老旧的梁架，昭示着历史的沧桑，涂染着岁月的痕迹，真是一幅看不尽的风景。

李氏宗祠②

李氏宗祠③

家谱宝典

——弥足珍贵的家族典籍

清康熙年间，中书舍人、高淳进士王孚《何翁惟本序》说：“花山距余家廿余里，每岁季春，嵚 石隙间忽吐牡丹数株或十余株，其花清芬莹洁，迥异凡葩，殆仙卉云。山之麓聚庐而处者不一姓，而何氏为最著。吾闻地之灵者，非特其物产异也，盖必有才行卓荦者挺生期间。”钟灵毓秀的花山脚下、蒋山之傍、固城湖滨，居住着以何、路、李、吴四姓为主的村民，兼有明、杨、邢、汪等姓氏。数姓虽迁居时间不一，然世代友好相处，共同耕耘着蒋山这块热土，并经营着各自的家族文化。参差错落的民居是其栖身之所，祠堂庙宇是他们的精神家园，而家谱则书写着他们的家族历史与家族文化。据调查，蒋山各姓均曾经纂修家谱，目前也保存了部分家谱，成为各家族珍贵的家族典籍。

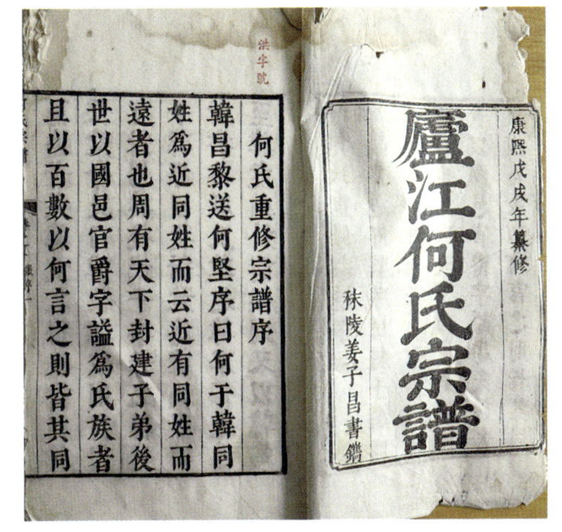
康熙戊戌年纂修
廬江何氏宗譜
秣陵姜子昌書鐫

洪字號

何氏重修宗譜序
韓昌黎送何堅序曰何于韓同
姓爲近同姓而云近有同姓而
遠者也周有天下封建子弟後
世以國邑官爵字謚爲氏族者
且以百數以何言之則皆其同

何氏宗谱

《花山何氏宗谱》创修于明永乐二十年（1422）；二修于成化

十一年（1475），赐进士第吏科都给事谢迁作序；三修于嘉靖四十三年（1564），四修于清顺治十六年（1659）；五修于康熙五十七年（1718），高淳著名进士、经学家张自超等作序；六修于乾隆三十九年（1774），乡进士许大文作序；七修于道光十八年（1838），共16卷，高淳教谕庐麟珍作序；八修于光绪十二年（1886）。目前，蒋山村保存的家谱有七修与八修谱的大部分。2003年，何氏第九次续修新谱。

“花山何氏”分为多支，有章村、草庙、白石观、湾溪、李溪、周岗六支。《花山何氏宗谱》记录了何氏的渊源以及血脉传承，编写了家族名人传记，规定了祭祀仪礼、家训家规、字辈排行等等。花山何氏自20世起，有字辈：廷宾邦方茂，秉育绍裕广，英华冠世，孝友全家。第九次续修新谱又确定了八字排行：宏源富基，久睦永昌。

《溧淳李氏宗谱》最近一次纂修于民国三十一年（1942），目前存谱若干本。其字辈自16世起有：如天启益，允世克孝，绳其祖武，时乃日（一说“泽”）新，为邦作福。

“花山吴氏”属于南塘吴氏分支。南塘吴氏主要分为南塘、山南、花山三支，目前存《南塘吴氏宗谱》若干本。其字辈自64世起为：谦珑儒，槐惟正中，决锡溥继，必其传广，同延祚长，允克振起，时驾达帮。

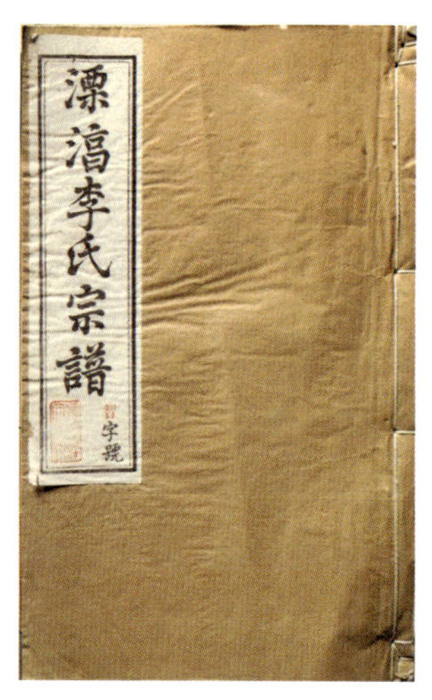

李氏宗谱

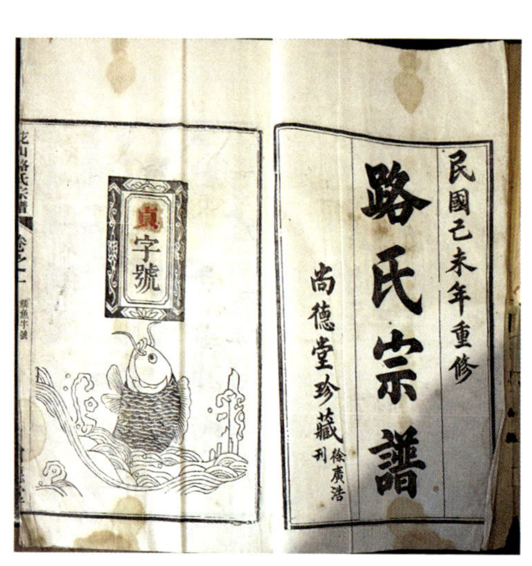

路氏家谱

《路氏宗谱》始修于明隆庆元年（1567）；继修于清雍正十一年（1733），时间跨度达到166年；三修于光绪十年（1884）；四修于民国八年（1919）。目前保存的家谱即民国本，共8卷。路氏以到达花山的路履祜（1506—？）为始祖，自一世起，字辈依次是：履社元问，子见中乘，广应熙育，明庭钟有，肇修人纪，永振家声，诗书启秀，忠孝联芳。

《汪氏宗谱》各支于2003年与湖北宗亲重新合修，合修新字辈自86世起依次是：集锦联棠，棣勤培旨，荫芳合序，令敏哲和，欣吉祯祥。《明氏宗谱》也已于近年重修，其字辈有：邦昌安道平，庭瑞正方生。祖德同江浩，先功自汉新。根从枝必达，前肤坎阶盈。南北皇庄远，匡扶禹惠匀。伫输迟成玉，槐材席有珍。忠恕存心则，谦和保准诚。

家谱，是记载一个以血缘关系为主体的家族世系繁衍和重要人物事迹的特殊文献。蒋山各姓历史上纂修了多套家谱，至今保存一部分。这些家谱在历史上既凝聚了蒋山各个家族的人心，促进了当地的发展，同时，也为今天的我们提供了认识蒋山历史与文化的一个窗口，甚至其家规家训、人物传记中的优秀成分至今对蒋山人民有着积极的影响。

【附　录】

传统家规家训

何氏家规（选十二）

序

人之一身，耳司听，目司视，手足司持行，司之无不当，其职总于心焉。听命心在，则视听灵而持行得；心不在，则耳遇之而无声，目遇之而无色，手足遇之而无措，其邪焉，正焉，善焉，否焉，高焉，卑焉，轻焉，重焉，鲜有不颠倒错乱悖缪乖争者。甚矣，心固五官主、百骸君，一时不能离焉。夫家之有宗长，其犹人身之有心也欤。

予游云山，云山在淳之东南，淳友何君佐负《家规》嘱予为序。予历览其颠末，见其矩矱森然，是非井然，赏罚肃然，辄欢曰：“此名门也，堪法堪传，而观风者之所亟采也。”予命仆存稿灾于木，以遍何氏风云。

时皇明天启辛酉岁孟秋之吉，古宣汤宾尹睡庵氏拜识。

家　规

尊祖宗。物本乎天，人本乎祖。不知尊祖即为忘本之人矣。不独入庙过墓起孝起敬，凡立身行已俱要习上，不可流于污下，致辱先人。至于同姓疏远皆属一脉源流，互相亲睦，无非尊祖故也。

孝父母。人身为父母所生，故孝为百行之原。孩提之童皆知爱亲，及至长大，或因父母之爱，至于忤逆；或习于匪僻之行，及生怨怼；亦有自私货利，不养父母；亦有惑听妻谗，离间兄弟致亲悲郁者，皆不孝之罪，有于诛戮。凡属人子，各当曲尽孺慕，毋违父母。

敬长上。家有兄长，国有官长，朝有君长，皆谓之长。小人无忌惮，不辨尊卑，长幼不知，谦恭逊顺，所以犯上作乱，皆由乎此。凡属子弟，于长上必敬以事之，徐行隅坐，万不可盛气凌傲有伤友于。

教子孙。生子不教不能裕后，何以光前？凡人有子须以孝弟忠信之道朝夕训诲，不可姑息。至于士农工贾，各安一业，庶可谋生，不致落魄。

择婚嫁。世俗婚嫁，每多攀缘势利，较论财物，大非古道。凡族人娶媳嫁女，当择耕读之家、忠厚之族与之结姻订盟，以端人伦之始，切不可希图厚聘、贪望装奁，以致卒隶下贱之家皆不暇择，而贻男女终身之戚、后日之悔也。

重农事。食为民天，谷为民命，凡春耕夏耘、秋收冬藏，务期及时力作，不可以力田为贱业，以耕稼为辛苦，游手好闲，坐困饥寒。

课诵读。为人父兄，必教其子弟读书明理，出则致君治民，处则潜修稽古，为名臣，为真儒。若苟且功名，希图温饱，非所望于后贤也。

崇节俭。勤俭生富贵，骄奢致贫穷，理所必然。凡族人，不足之家宜甘澹泊，即所处丰裕，亦必谨身节用，毋侈毋僭，庶几富厚可久，则财恒足。

戒游惰。圣主躬行勤俭，国法必惩游民。士庶之家，不耕则读，不工则商，弃此四业，必将习为匪人。凡属子弟，咸当敦本务实，切勿习吹弹歌唱之事，勿入呼卢酗饮之伴，各谋生理，庶为淳俗。

勤周恤。一姓之众，贫富岂能均齐？凡有疾病孤苦、水旱灾患以及嫁娶丧葬无力者，必宜互相赈贷，毋致流离失所。《周礼纪·六行》曰：孝友、睦姻、任恤。在宗族，尤当加厚。

息争讼。每见好讼之徒破产倾家意欲胜人，致以自毙。凡小忿闲气，务宜含忍，倘有大不平事，或质之宗长，鸣之里老，自有公道。即亲戚有讼在官，亦必曲为排解。昔有诗曰："些小争差莫若休，不经官府不经州。费心吃打赔茶酒，赢得猫儿失了牛。"最可诵念。

禁赌博。赌博一事，费心力，伤财命，荒正业，甚且流为奸盗，至于乞丐，为害甚烈。父兄之教，子弟之率，共期痛绝此风。

顺治戊戌年，嗣耿邑庠生调元手辑。康熙戊戌年，嗣孙尤仝元卫、元宾、中坚校正。

路氏宗规（选十二）

宗族宜和穆也。《周礼》太宰以九两系邦国之民，其五曰宗，以族得民。凡我族人，均系一脉流传，务须休戚相关，志意相通，勿得偶因小故致启衅端。

长幼宜秩序也。《礼》云：十年以长，则父事之；五年以长，则肩随之，所以明尊卑也。凡我子姓，务须敦孝悌以重人伦，切勿犯上作乱致干重责。

兄弟宜和协也。《诗》云：伯氏吹埙，仲氏吹篪，兄弟之情，如手如足。古人所以建花萼相辉之楼也，凡有小嫌，其各泯化，毋为斗殴之事。

夫妇宜和顺也。《论》曰：夫妇，小天地焉。天地无二，夫妇亦无二，故《诗》始《关雎》，《易》基《乾》《坤》，古人所以重婚礼也。我族夫妇，各宜倡随和谐，即有小故，……不得遽出。

婚礼宜谨始也。古者同姓不婚，其制尚矣。若我族之男已聘于人，或我族之女已字于人，自问名纳采，以后即作结婚，均不得以贫富之见而任意废亲，违者以拆婚论。

孤寡宜矜恤也。自来鳏寡孤独谓之穷民，文王发政施仁必先斯四者，则孤寡之宜矜恤明矣。如有陵逼孤寡、恃强欺弱者，准共鸣祠判断。

子弟宜课读也。古者人生八岁入小学，十五入大学，或教以洒扫应对，或教以礼乐诗书。教，所以为明善之地也。自今以往，各宜劝学训蒙以绍书香，其有考试获售者，照何等功名给予何等奖励。

士习宜端正也。士为四民之首，举动云为风化攸关，如有青衿致诮、玷辱儒生者，削去公酒。

耕织宜勤俭也。语云：一夫不耕或受之饥，一女不织或受之寒。古大臣所以呈耕织之图也。我族男妇各宜努力成家，切勿游手好闲。

酗酒宜惩戒也。常人狂言犯上逞凶滋事，皆为酒所误，自今以往，各宜戒之，无论在祠在村，切勿酗酒滋闹致于刑杖。

赌风宜禁止也。赌博为盗贼之源，输赢即争斗之阶，中人倾产荡家皆由于此，亟宜禁止，将来以儆游民。

污行宜罚处也。我族之人如有不务本业为非作奸有玷家声者，一经发觉，小则家法处治，大则禀官严究。

吴氏族规（选三）

尝谓天下有国法，有家法。夫国法者，所以振肃一国之纪纲；家法者，所以振肃一家之纪纲。故曰：家国一理也。然则有宗子之责者，如之何？一曰正宗法以联氏族，修祀事以重根本，立家范以肃众志。俾一家之人知远而尊祖敬宗、近而内和外睦，绳绳然纳于礼教之中而无所玩易，则纪纲振而法令行，尚何有视族人如路人、玩法而囹圄者哉？为宗子者慎毋忽诸。

重嫁娶

夫妇乃人道之首，凡谱中载妻娶某氏、女适某夫者，重门楣也。今族众凡嫁女者，方许字之时，必通宗长、分长议行，务求子孙修谨雅饬者方可许之，勿图小利为婚以玷辱先人。违者不书女适某人，各分下不许赴宴称贺。至娶妇之家，于议婚之初，必禀宗长、分长酌行之，亦必求素有家教及女子德性温良者，然后订姻。苟贪资附势，坠我家声者，应谱中于本人名下不书妻娶某氏。

训子孙

古者士出于农而商贾不与焉。吾宗以耕读为业，凡子弟八岁须从师教之，明句读，习洒扫应对之节；至十二三岁，观其资性聪慧，即令出从经教习，攻举业。日后有成，以致扬亲耀祖，讵有既哉？倘资禀椎鲁，不能上达，亦当教之初识文义，庶他日立身乡党，亦不失为善良子弟。倘姑恤太过，弗闲以教，势必至于嚣兢犯上、重违礼法，毋乃父兄失教之过与？慎之慎之！

规过失

凡族中子侄有过，尊长当委曲戒论，毋令暴弃拒绝以忝家声，并辄出恶声秽语令无容身之地。子侄遇尊长有过，当婉辞微讽，毋得面是心非，使宗长得罪宗党。至如遇干己事情，当从容辨论，毋得彼此忿争，以长凌幼，以卑犯尊。如恃尊压卑，少涉侵夺，卑幼当诉于宗长，听其胪解。万一因争业故，卑犯其尊，公议先责犯上之罪，而后辨其曲直，俾彼此输服后已。毋得因循模糊，致名分陵替，尤为今日之吃紧事。

人物春秋

蒋山村何家自然村有210户何氏，作为北宋名相何执中(1044—1118)后人，800多年来，他们秉承“先国后家，倡廉重节”的家训精髓，不但克勤克俭、耕读传家、尚德崇仁、乐善好施，而且多为民请命之故事。

崔致远

——蒋山留情的“东国儒宗”

崔致远，唐朝时候的一个新罗（今韩国）人，却在蒋山留下一段奇情。

崔致远生于唐宣宗大中十一年（857），卒年不详，字海云，号孤云。12岁被新罗选派到中国学习汉文化，28岁回国。在中国生活的16年间，他广泛地接触到唐朝社会和人民，也结识了当时许多著名的文人和幕府僚佐，例如裴瓒、高骈、顾芸等。崔致远一方面创作出大量的诗文，另一方面仕途走得也较为顺畅，曾获皇帝赐“绯鱼袋”，留下美名。他著有《中山覆篑集》《桂苑笔耕录》《孤云文集》《东文选》等，一向被朝鲜和韩国学术界尊奉为韩国汉文学的开山鼻祖，有“东国儒宗”“东国文学之祖”的称誉。晚唐著名文人顾芸曾写诗赞道：“我闻海上三金鳌，金鳌头戴山高高。山之上兮，珠宫贝阙黄金殿；山之下兮，千里万里之洪涛。傍边一点鸡林碧，鳌山孕秀生奇特。十二乘船渡海来，文章感动中华国；十八横行战词苑，一箭射破金门策。”不仅将崔致远的家乡描写得金碧辉煌，更

崔致远

借诗抒发了对崔致远聪明才智和文学成就的由衷钦慕。

大唐当时极为强盛，许多国家是中国的属国。贞观元年（627），大唐即已对外国学生开放科举考试，外国留学生亦可考取功名，登科及第，称作“宾贡进士”。唐懿宗咸通九年（868），12岁的崔致远辞别亲人，随商船入唐。崔家在当时只是一般贵族，要想振兴家族，及第进仕是捷径。12岁的崔致远因天资聪颖，承担了光大家族的重大使命。故入唐前，其父给予他谆谆重托：“十年不第进士，则勿谓吾儿，吾不谓有儿。往矣勤哉，无惰乃力。”

少年崔致远牢记父亲嘱托，入国子监学习6年后，于唐僖宗乾符元年（874）参加科举考试，中得进士。

按大唐律法，学子考取功名后，必须通过吏部两年的遴选，方能做官入仕途。崔致远登科进第后，没有衣锦还乡，他胸怀抱负，留在大唐等待重用。在等待的两年时间里，崔致远从长安来到洛阳游学历练。他广交文友，结识了一批有识之士，彼此之间唱和酬答，诗文互进，开始走上文学创作道路。唐僖宗乾符三年（876）冬，弱冠之年的崔致远被朝廷任命为溧水县尉。任职三年间，崔致远官闲禄厚，以文会友。他秉承孔子“譬如平地，虽覆一篑，进，吾往也”的求知精神，积跬步而成千里，积小流而成江海。崔致远后来把在溧水的诗作结集为《中山覆篑集》，这是新罗历史上第一部个人文集。可惜后来此集散佚失传，是为憾事。

崔致远担任溧水县县尉期间，遇见一奇事。溧水（高淳时属溧水）虽为江南富庶之地，但地处僻静，与繁华热闹的长安、洛阳判然有别，作为异邦人士的崔致远自然倍感孤独。他写道：“秋风惟苦吟，世路少知音。窗外三更雨，灯前万里心。”为排遣思乡之情，也为文学创作采风，他常利用公务之便探幽访古，体察民情。高淳固城湖畔的花山，因盛产牡丹花而得名。山西麓有座古墓，长眠着两位才貌双全的少女，人称“双女坟”。双女坟主人出身富门，自小躬亲笔砚，长大负有才情，因不满父母包办婚姻，终愤恚而死。就任溧水县尉的崔致远巡察花山，下榻招贤馆，闻得双女故事，感佩与相惜之情油然而生，傍晚凭吊孤坟，在墓门留下七律一首以示哀悼。当晚，崔致远梦见有使女飘然而至，送来红袋两只，内装和诗二首，诗中悲切凄楚，诉说命运不公。崔致远唏嘘不已，旋即回诗一首托使女带回。及夜，两“仙女”驾临，紫裙自报家门，红袖诉说不幸。三人秉烛夜谈，吟诗唱和，不觉鸡鸣，姐妹俩急急辞别。崔致远一觉醒来，十分惊异，便作七言古风《双女坟》431字，又写下《仙女红袋》一文，详述招贤驿梦遇仙女、人鬼相恋的故事。此文后被收入韩国古典名著《新罗殊异记》，该书被视为“聊斋先河”，广为流传。而《仙女红袋》里的“双女坟”即位于如今的蒋山村，由此，崔致远的名字遂与蒋山结缘。

唐中和元年（881），崔致远任职期满，欲西回长安。恰遇黄巢起义，长安沦陷。崔致远西行无望，只好另觅良机。经友人顾芸推荐和书信自荐，入扬州高骈门下做幕僚。大唐虽已风雨飘摇，扬州却繁盛依旧，由此崔致远展开了一段人生最为辉煌的时期。

高骈将军文才甚高，喜与文人交游，幕下才士云集。崔致远才华出众，深得赏识。在高骈幕下这段时间，崔致远实质上充当着贴身秘书、

双女坟与双塘

高级参谋的角色，为高骈拟就大量诏、启、状之类的公文。在高骈幕府，崔致远先后担任侍御府内奉、都统巡官、承务郎、馆驿巡官等重要职位。这些都是文职，他的文学才华得到了淋漓尽致的展示。中和元年五月，高骈起兵讨伐黄巢，崔致远拟就《檄黄巢书》，天下传诵，并凭此获“赐紫金鱼袋”勋位。檄书中一句“不惟天下之人皆思显戮，抑亦地中之鬼已议阴诛”，言辞之峻切凌厉，令一代豪雄黄巢都心生怯意。

扬州五年宦游、淮南幕府时期，是崔致远文学创作最为频繁而质量臻于顶峰的阶段。《桂苑笔耕集》便是完成于这一时期的不朽之作，也是他流传后世的唯一著作。这是一部由崔致远自编的诗文集，收录了他宦游幕府时为淮南节度使高骈代撰的各种表状书启及自作诗文，该书文风博雅繁丽，具有丰富而珍贵的文献价值，对于我们今天研究晚唐政治、军事、外交，特别是黄巢起义时期的乱世之治，有着重要的史料价值。以当时人述当时事，《桂苑笔耕集》比《唐书》《资治通鉴》等后世史书，呈现出更为真实、翔实的历史原生态情状。章表书檄等，本不足以成就大手笔、大文章，但因《桂苑笔耕集》成于乱世，风云波荡、政局变幻、历史诡谲，皆蕴其间，故而流播广泛。《桂苑笔耕集》中的诗作，主要为近体诗，记述了崔致远与裴瓒、顾云、罗隐、张乔等众多友人交游之谊，幕主高骈的知遇之恩以及思念故国的衷肠等等，表情状物，精妙传神，造诣极高，多为上乘之作。

晚唐政治进一步腐化，黄巢之乱加剧着大唐的分崩离析。崔致远内心也陷入多种矛盾之中，一方面，他感激高骈的知遇之恩；另一方面，晚年的高骈拥兵自重，割据一方，失败后又迷信方术，崇仙佞道，这必将为深受儒家思想影响、有着正直的从政理想的崔致远所不齿。风雨飘摇之间，崔致远渐萌归意。

唐中和四年（884），崔致远之弟崔栖远由新罗涉海来唐，奉家信迎崔致远回国。崔致远以显赫官衔与声望，荣归故里；然历经人生起落的他早已对待荣耀淡然，思考更多的是如何用在大唐学到的满腹经纶、治政良策，来报效新罗王朝，振兴自己的民族。

崔致远将在唐时所著杂诗赋及表奏集二十八卷、《中山覆篑集》一部五卷、《桂苑笔耕集》一部二十卷，呈现给宪康王，欲以汉文化的先进理念济世救国，振兴朝纲，熏化民众，凭此受到了当时君主宪康王的重用，被任命为侍读兼翰林学士守兵部侍郎知瑞书监事。然而，新罗王位频繁更迭，政途瞬息万变，官僚腐化堕落，崔致远的仕途一波三折。由于遭人排挤，唐大顺元年（890），他被外放至泰山郡任太守；两年后，继续被外放至更远的富城郡，从此，再未回到中央政府。

仕途的坎坷，并未阻挡崔致远传播汉学的不竭热情。崔致远的文集很快流传开来，深受民众推崇，由此奠定了其韩国文学泰斗的地位。景福二年（893），崔致远奉真圣女王之命，以贺正使（相当于今外交官）身份再度入唐，致力于两国文化交流。回国后，向女王进时务策十余条，虽最终未得到施行，却凝结了崔致远对国事探索的心血。

深受汉学熏染的崔致远，宦途屡遭失意后，最终不得不选择了隐逸。从最初的被动，到最后的主动，崔致远完成了从政治上的积极奋取，到自我人格沉淀的转变，他终于从烦嚣中解脱，而重归心灵的宁静。

唐光化二年（899），不惑之年的崔致远辞官归隐，从此摆脱政务，尘嚣尽洗。“狂奔叠石吼重峦，人语难分咫尺间。常恐是非声到耳，故教流水尽笼山。”归隐后，崔致远徜徉山水，游历江海，结交高僧，谈佛论道，吟诗作赋，悠哉游哉，不亦乐乎。以伽耶山海印寺为主要修身之地，足迹遍布各郡山川湖海。他精通儒学、道学、佛学，择其所需，三教调和，并以此写了大量著作，阐述生发，对后世影响极大。《东史纂要》记载崔致远的云游：“平生足迹所及之处，至今樵人牧竖皆指之曰：‘崔公所游之地。’至于闾阎细人，乡曲愚妇，皆知诵公之姓名，慕公之文章。”可见，崔致远之名之文几乎为当时韩国人人皆知。

何　衢

——为固城湖域之争画上句号的人

蒋山村何家自然村有210户何氏，作为北宋名相何执中（1044—1118）后人，800多年来，他们秉承“先国后家，倡廉重节”的家训精髓，不但克勤克俭、耕读传家、尚德崇仁、乐善好施，而且多为民请命之故事。清代贡生何衢就是这样一位为民请命并赢得固城湖权属的村民，其故事为百姓津津乐道，传为美谈。

从地理位置上看，高淳与宣城接壤，原本是友好的邻居关系，可是到了明代正德年间，这种睦邻关系忽然变得紧张起来。明正德七年（1512），为保护下江，始建于明洪武二十五年（1392）的东坝被加高三丈。此举的结果，一方面是固城湖地区大批圩围随之沉没，全县良田100050亩被淹；另一方面，由于固城湖面积扩大，带来了更加丰富的水资源、渔业资源以及草场资源。部分宣城民众见有利可图，便纷纷到固城湖内捕鱼打草，时常与高淳民众发生争执斗殴，最终互相打起了官司。清乾隆二年（1737），安徽宣城慈溪（今狸桥镇慈溪村）村民张启瑄、张其冬、张懋功、张懋栋、张世年等，再次去固城湖中擅取茭草，与高淳民众发生争执，慈溪村民便告到官府，声称固城湖部分属宣城所有，他们并没有越界取草。

何 衢

这一情况，固城湖东南岸蒋山何家的贡生何衢清楚个中原委。科举时代的贡生，意即贡献给国家的人才，是从府、州、县秀才中挑选成绩或资格优异而升入京师国子监读书的人。作为康熙五十四年（1715）的例贡生，何衢腹有诗书，才华横溢，写起文章来文笔犀利，思路清晰，逻辑缜密，重点突出。经过广泛收集资料与实地勘察，何衢自告奋勇，写成一篇洋洋洒洒的状词递到官府，有理有据地反驳慈溪村民，请求官府公断固城湖的隶属关系。他在状词中提道：“固城一湖，原隶淳邑，自前明永乐正德年间，筑有东坝上下两座，遂成巨浸。高淳之田，沉没十万五十亩，其虚粮八千五百石，悉系淳邑各乡摊代赔纳。志载昭然，由来已久。查慈溪乃系宣邑陆地村名，离湖尚远。又《大清水利志》内载有牛儿港、固城湖西南与宣城界，且《圩岸》卷内列载筑坝后沉废各圩名目，共有六十圩。再查《宣志・山川卷》，内载：蒋山下瞰固城湖，是为高淳南境地也。狸头桥属在宣邑，仅有湖水流注抵此，其地离湖一里，固城湖属高淳也。是两县志载，固已各自分明，若合符节矣。”

面对何衢的状词，张启瑄等拿出了自称是清康熙十七年（1678）及雍正七年（1729）的两张诉状辩驳，意思是历史上已有定论。何衢认为，既然有此诉状，为何不见府司各级衙门的任何案卷及批示？双方这样多次争执，当地县衙只得呈报上级定夺。为了打赢这场官司，何衢据理力争，反反复复，前后奋斗了五年。最终，朝廷于乾隆七年（1742）

下旨，特授江宁府及安徽宁国府、池州府、庐州府、凤阳府、颍州府、六安府、泗州府、滁州府、和州府、广德府十一位知府，实地查看两地边界和固城湖，查阅档案资料，核对双方状词。知府大人们一致认为，高淳何衢证据确凿，而慈溪宣民张其冬等人纯属无中生有、无理取闹，其理由不予采信。最终，这场旷日持久的湖界纠纷案以何衢胜诉而告终。

何衢凭借自己的智慧与勇气打赢官司，为高淳赢得了资源和尊严。事后，高淳知县童国松在县衙专门摆上酒席，宴请何衢，对他大加褒奖。为杜绝日后争端，童知县据实上报，奉督宪命，立“严禁宣民越界取草石碑”于固城湖畔的牛儿港与蒋山高丘坝。此外，为表彰何衢的功劳，并留作依据，童国松又命人勒石刻碑，记上整个事件的经过。其碑文至今保存在高淳旧县志中。

何子庚

——受赠《天马赋》的故事

米芾《天马赋》

北宋大书法家米芾有一天和朋友蔡攸相遇于舟中，蔡攸向他出示了王羲之的一幅书法作品，米芾爱不释手，提出用自己的作品来交换，蔡攸不肯，米芾就扶着船舷大叫着要跳水自杀，以死相逼，蔡攸只好答应。

五百年后的清康熙年间，高淳著名的沧溪文人孙范得到米芾的《天马赋》，于舟中遇到蒋山的书法名人何子庚，却主动相赠，演绎了一段书坛佳话。

米芾的《天马赋》非常有名，被康熙皇帝称为“前无古人”，孙范有幸从他的岳父那里获得了此帖。《高淳县志》记载：“孙范，字叔举，性倜傥，与人论古今人物事宜，或相持不下，辄以数语衡之，罔不叹服。……晚耽诗歌，著有《愚谷诗草》。”孙范在高淳历史上留下名声，最主要的是他与吴伟、丁炜等一起为革除坑民的里排制度立下了汗马功劳，当年“一切条陈之词悉出其手”。孙范费了点儿周折从他岳父那里得到《天马赋》以后，每天在家勤奋临摹，但是临摹来临摹去，心神领会了，手却不能到；手到了，笔却不能到。他非常懊丧，只好把赋先收在一边。哪知道，有一天，孙范的妻子偷偷地把这幅《天马赋》拿去跟邻居换了米，邻居不喜欢书法，就把该作品典当了。孙范知道此事已经是三年以后，他赶快跑到典当行，重新把作品赎了出来。典当行的老板懂书法，执意出高价购买该作品，孙范坚决不答应。孙范拿着作品回家，恰好在船上遇到蒋山村的朋友何子庚，何子庚擅长书法，两个老友就船中展读作品。何子庚非常高兴，细细品读，认真揣摩，爱不释手。孙范看出何子庚非常喜爱这幅作品，但终究没有舍得给他，而何子庚也没有出口相求，更没有学米芾跳水自杀以求。

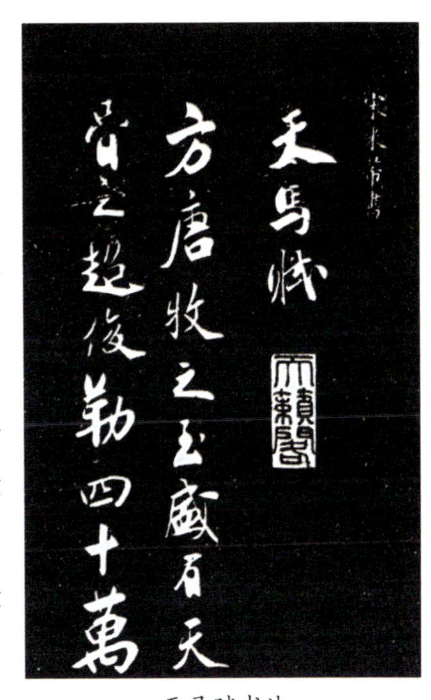

天马赋书法

分别以后，孙范觉得老友如此喜爱这幅作品，又如此厚道做人，宝刀应赠英雄，作品不送何子庚实在对不起老友，何况自己临摹这幅作品，一直不得要领，而何子庚“心灵手敏，笔则甚锐”，一定能够好好利用《天马赋》。思来想去，三个月以后，孙范让他的儿子将《天马赋》送到了何子庚手里。何子庚也不负孙范期望，日夜临摹、学习《天马赋》，不久，其临摹的《天马赋》则完全可以乱真了，他的书法技艺也突飞猛进，孙范评价他“习书以成”。

何耀南

——倾家接济后学的贡生

何耀南（1713—1773），是乾隆年间的秀才，自幼饱读诗书，工诗文，早负才名。何耀南生性平和，居家孝友，待人忠恕，乐善好施，特别是对于提携后学不遗余力，为乡党楷模。

因为德才兼备，誉满乡里，何耀南被朝廷破例选拔为贡生，安排到

何耀南

金陵道做了一名七品文官。上任后侨居南京，结识了当时一大批社会名流。因为人缘好，门路也宽，凡是高淳同乡到南京参加乡试的书生，都纷纷上门拜访。何耀南从来不计贫贱，凡是来访的高淳后学，个个热情接待，对遇有盘费不足的考生，何耀南不但给予食宿，还慷慨解囊、鼎力周济，所以经常门庭若市，来往的人络绎不绝。

何耀南官职不大，俸禄有限，却三十年如一日资助同乡后学，这样难免经常捉襟见肘，一家老小只能节衣缩食。有时为相助他人，资助数额太大，居然不得不典当自己的衣物换取银两。每逢妻子埋怨时，他总是说："夫人啊，我也是穷苦出生，知道书生的难处，他们十年寒窗，已属不易，如今能进京赶考，实为大幸。他们是实在没办法才求助于我，关键时刻能够助上一臂之力，让他们谋个功名，实现自己的抱负，这也是造福家乡、造福后人的一件善事。"何夫人摇摇头，只好随他去了，心里却佩服丈夫的为人。由于长期家境清贫，生活艰苦，因无钱及时救治，他儿子不到二十岁便因病夭折，但何耀南依然如故，致力于接济后学。

何耀南六十岁病故，灵柩回归梓里，曾经受到他资助的考生们闻讯后，如同亲生父母去世，纷纷前来吊唁，感念老先生的恩德，全场哭声一片，让人动容。何耀南去世后，家中一贫如洗，清点遗物，仅留下《竹坡诗稿》一册，其为人真正是"高风传梓里，亮节昭后人"，成为何氏后裔宝贵的精神财富。

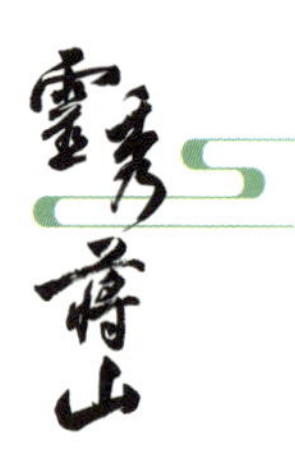

何邦模

——蒋山走出的义士

何邦模（1802—1868），花山何家人，善于经商，家底殷实，为人正直，乐善好施，秉承了家族中“勤周恤”的优良传统。

他经常在下江、南京、镇江一带做布匹生意。有一天，他的商船开到浦口码头，正准备进行货物交割，迎面遇上一位书生，见其神情沮丧，一副落魄的样子，便上前主动询问。何邦模一听是高淳口音，更是悲从心起，急切地问：“小伙子，你到哪里去，碰到什么困难啦？”书生姓陆名玉书，也是高淳人，一看有长者操高淳话和自己搭腔，既惊喜又害羞，回答吞吞吐吐。经何邦模再三询问，他才说出了详情。原来，他要在两个月内赶到京城参加大挑，不料，过江时身上的盘费全部丢了，如今陷入了进退两难的困境。大挑，是清朝乾隆皇帝定下的一种选拔人才的办法，为的是让已经有举人身份但尚无官职

何邦模

的人有一个晋升的机会，每六年才举行一次，机会难得。陆玉书进京大挑，中途却丢了盘缠，流落街头，心中的苦闷可想而知。何邦模思量了一下：这孩子相貌堂堂，谈吐不俗，又是老乡，于情于理都应该帮他一把。何邦模二话没说，从船上拿来五十两银子送给陆玉书，让他赶快进京，莫失良机。面对何邦模的慷慨赠予，陆玉书热泪滚滚，掏出纸笔，非要写借条不可，并一再说日后定当面谢归还。何邦模说："先生啊，你就不要客气了，大挑选材，六年一次，过了这个村就没这个店了啊！进京要紧，日后有了出息，上报国恩下恤百姓就是！"陆玉书怀揣银子拜谢而去，顺利抵京，并通过了朝廷大挑，被委任为循州七品文官。每次想起何邦模的资助，感慨系之，在任上兢兢业业，真的是为官一任，造福一方。

道光年间，鸦片战争爆发，英国军舰由广州北上，迅速突破吴淞口，虽在焦山受到镇江军民的奋力抵抗，但由于武器落后，组织不力，不久便失守。镇江失守后，英军沿江而上，一路烧杀抢劫，无恶不作，沿江民众纷纷涌向江北避难。六合知县温伯屏下令军民沿江坚守，阻止英军侵犯。但由于朝廷配给的军需物资奇缺，人心不定，无力抵挡英军的坚船利炮。此时，何邦模正在六合做生意，面对洋人的种种暴行，他非常愤怒：洋人如此嚣张，家国何在！他当即找到知县，将库存的数千匹布悉数捐赠给六合县制作军服旌旗，以鼓士气、振军威。知县温伯屏十分感动，要重奖何邦模。他回答说："天下兴亡，匹夫有责。如今洋人入侵，国难当头，民不聊生。有国才有家，我何某这点道理还是懂的，非为名利而来也！"

抗击英军期间，何邦模放下手中的生意，招募人手，租来两条小船，插上水师的旗帜，冒着生命危险，沿江搜寻离散走失或避难的民众，并恳请六合温知县妥善安置。温伯屏对何邦模的义举大为赞赏，当即一口应允，安排好所有难民的食宿。何邦模的救援行为，使数千逃难的民众保全了性命。

路景德

——学而不倦的典型

在美丽的蒋山村行走，不难发现多处代表着家族文化的遗存。其中，无论是雄伟气魄的路氏宗祠，还是青砖黛瓦的蒋山书舍，都与路氏家族有着莫大的渊源。“淳水发祥流泽长，颍川毓秀肇其远。”路氏宗祠的这副对联显示出路姓的源远流长。明代中叶，路氏一支从溧水蒲塘桥迁至高淳花山定居，至今已近500年。与孟母三迁相比，路明贵为其子路景德四处择贤求学的故事毫不逊色。

路景德

路明贵是花山路氏第十三世孙，生于清同治四年（1865），育有四子，因临固城湖，遂以鱼字旁取名庭鲸、庭鲤、庭鲲、庭鳌。庭鲤为次子，学名景德，天资聪慧，从小就显露出对读书的爱好。自感学识不高的路明贵看在眼里，记在心上，对他的学习尤为重视，煞费苦心。路景德刚能发蒙认字，育子心切的路明贵便将他送到淳溪秀才吴省文门下学习，不久又送到淳南秀才李辉处读书。为了实现自己续修家谱的夙愿，路明贵在得知李辉的高徒港口李先述深谙修谱后，就让儿子去做他的学生，这一学就是五年。每逢天寒地冻，无法乘船，路景德就步行近20公里去求学。功夫不负有心人，出类拔萃的路景德果然不负众望，学有所成，成了李先述的爱徒。民国八年（1919），路氏最后一次修家谱，路景德与老师一道撰文立传，被族人广为称道。

当时，高淳境内比较有名气的廪膳生中，固城的李则炯（1872—1931）擅长策论文章，他的《唐有天下文章三变》一文，被解元王嘉宾阅后附上了“宾拜读”的批语，一时传抄者众多。路明贵听说后，当即让儿子景德拜他为师。一年半后，得知另一名胥溪（今东坝）廪膳生童铭新（1876—1947）不但学富五车，而且颇有胆识，路明贵又经常备上厚礼带领儿子登门求教，直到童先生离开高淳前往北京就职。

童先生临行前曾经叮嘱路景德，有机会一定要走出去，向更多的名儒学习，这一点与路明贵的想法不谋而合。为了让儿子丰富学识、拓宽视野，路明贵决定让儿子去常州，到当时人称“江南大儒”的钱名山（1875—1944）处求学。钱名山也叫钱振鍠，字梦鲸，号谪星，晚年又别署藏之、庸人等。他自幼聪颖，十岁即能作诗，十六岁中秀才，十九岁中举人，二十九岁成进士，曾授刑部主事。其书法用笔畅快，铁画银钩、斩钉截铁，既有颜书的宽绰、雄强，又有魏碑的古拙方正，气度、气势均博大高远。于右任曾自叹：“名山老先生书法比我好。”

路景德在钱振鍠处求学两年，不但书法上习得了用笔遒劲的技能，更深谙先生忧国忧民、不愿同流合污的高尚情操。受先生言传身教的影响，路景德后来做了游山、蒋山的“双山”乡长，体恤民情、处事公允，深受民众称道。尤其让路氏家族倍感荣耀的是，1919年重修家谱，钱振鍠欣然提笔作序，对路氏加以盛誉。路景德也在恩师的序言后作了简要说明，并深表感激。

蒋裕敦

——古道热肠的乡贤

在高淳蒋山村，有一个人的故事家喻户晓。迄今过去近一个世纪，老百姓讲起他来仍是津津乐道，充满敬意，这人就是蒋裕敦。蒋裕敦兄弟六个，他排行老大，人称“蒋老大”。他习得一身好武艺，玉树临风，威风凛凛。可他并不凭借好身手欺男霸女，反而乐善好施，接济乡邻，是远近闻名的“善人”。

蒋裕敦

蒋裕敦，祖上从固城蒋家墩迁来。小村迁来时间不长，虽只有十几户人家，但依山傍水，勤俭持家，家族日见兴旺，其中的蒋裕敦家尤为富绰。因蒋家处花山坳，村子小，常有土匪骚扰。因此，蒋裕敦带领家中男女习武，以保护家园。那年，漕塘的土匪猖獗，凶神恶煞般拿着刀枪，半路抢人财物，或进村打劫。附近几个村庄常遭洗劫，村民们苦不堪言。有一次，几个土匪抢到蒋裕敦家，蒋裕敦一见，怒目圆瞪，大施拳脚，使出十八般武艺，土匪们哪里遇见过这般强硬的人物，被打得鼻青脸肿、狼狈逃窜，从此再也不敢来。

让蒋家声名远播的不只是习武，更是蒋家的乐善好施，这在周边享有极高声誉。

蒋老大从小受家庭熏陶，为人心地善良，助人为乐。那日，附近何家村的何金海、陈天保到他家后山上砍柴。蒋老大在山下习武，见到两个年轻的后生抡起镰刀，光着膀子正大汗淋漓地砍柴，便大声喊道：两位年轻人，大热天的，快进家喝茶歇息！两人经不住蒋老大热情相邀，进屋喝茶。已近中午，蒋老大笑呵呵端出几道小菜，三人就着酒菜，相谈甚欢。临走时，蒋裕敦见他俩砍柴不多，怕回家不好交代，便让他们在自家院子里各挑了一担柴回家。两人千恩万谢。后来，他们再不好意思去蒋老大家后山砍柴。

有一年冬天，侵华日军前来“扫荡”，从安徽宣城狸桥到蒋山李家、何家，一路打砸抢烧。手无寸铁的村民惊慌失措，拖家带口，向北边田家村的木竹山逃去。天黑了，村民躲在山中，又饿又急。他们看着村里还有窜出的火光，怎敢回家？那是鬼子点火生烟烧东西啊！无奈，众人移至东边的蒋家村。蒋老大打开院门，迎上百名乡民入内，开地窖，烤山芋，供应大家吃喝。这真是雪中送炭啊！饿了一天的村民终于有了山芋充饥，无不对蒋老大感恩戴德，尊称他为“蒋善人”。

蒋老大也有有趣的糗事。据说他向漕塘那边的朋友借了钱，人家听说蒋老大经济亏空，怕他还不起，就上门要钱。蒋老大一边热情招待朋友，一边对家人喊“今天只开东边仓”。客人悄悄去看，东边仓满是稻子，西边仓尚未开封。客人看到蒋家稻谷满仓，暗想蒋家果真富有，啧啧称叹，便不好意思开口要债。怎知，蒋老大只是叫家人将粗糠上面薄薄铺了一层稻谷，以应付暂时的追债危机。不过，蒋老大并非借钱不还

“乐善好施”匾额

耍赖之人，过了些日子，他就凑足了银两归还朋友。

蒋裕敦的故事数不胜数，多年的善举一传十、十传百，传到了县政府。在他六十大寿时，当时的七县专员汪国栋特地敲锣打鼓送来一块匾额，上书四个大字：乐善好施。

世纪沉浮，历史变迁，“乐善好施”的匾额虽已不知影踪，但善人蒋裕敦的故事却一直流传。

何绍秀

——革命烈士的不朽人生

2018年4月13日，正是清明不久，春天的蒋山村，山明水秀。因建造花山跨湖大桥，原葬村西南磨英地的坟冢正迁往村东面的乌鸠头山。一座新墓前，苍山不语，寂水幽幽，燃香袅袅，庄严肃穆。“青春换得江山壮，碧血染将天地红。”这里长眠的，便是蒋山何家村的何绍秀烈士。参与迁坟的有蒋山村村委代表和烈士的嫡孙何祥顺、何立新以及侄孙何强中、何强华等近20人。

据《固城乡革命烈士英名录》记载：何绍秀，男，1923年生，1944年参加革命，溧高县警卫战士，1949年牺牲于解放大上海的外围战斗——昆山战役中。

1944年1月，高淳县抗日民主政府成立。根据上级“分兵以发动群众，集中以打击敌人”的要求，新四军广泛开展抗日宣传，广大群众认识到共产党领导的新四军才是人民自己的队伍。“好铁要打钉，好男要当兵；吃菜要吃白菜心，当兵要当新四军”在各地传唱。

何绍秀身材高大魁梧，不但力气大而且为人豪爽，爱打抱不平。十多岁时，就常听说一桥之隔的蛮张家（隶属安徽宣城狸桥镇）驻扎着张鼎丞、粟裕司令员带领的新四军2支队，打击日伪深得民心，便有了参军的想法。一天，何绍秀去蛮张家隔壁的朱家村妹夫家走亲戚。一进门，就听到妹夫在念叨“四老板，是天神，一飞飞到官陡门。这边唱着凯歌去，那边急煞小日本……”何绍秀从妹夫处得知，这首民谣说的是粟裕副司令带领新四军奇袭日军据点官陡门（位于狸头桥西北方）的事。新四军只花了8分钟就解决战斗，连同清扫战场总共不足半小时，被老百姓争相传颂。听说妹夫也有加入新四军的意向，何绍秀更加坚定了参军决心，一有空就来和妹夫商谈。当年6月，高淳县政府与溧水县政府合并为溧高县政府，21岁的何绍秀加入新四军，成了溧高警卫团的一名战士。临走时，何绍秀握着大哥绍睦的手，转身看了看眼含热泪的母亲，深情嘱托：“哥哥，咱老娘就拜托你照顾了！大家在家好好过日子，等我把鬼子打跑了再全家团聚！”

1945年8月7日至12日，东坝战役打响。9日起的4天时间里，发生了5次战斗：东坝之战、狸头桥之战、定埠之战、漆桥之战和游山之战。这里的地方部队，主要是宣当人民抗日自卫总队，由宣当警卫连、溧高警卫团划出的2个连，以及昆山区大队1个连组成。作为溧高警卫团的战士，何绍秀被选调参加狸头桥之战。部队开赴狸头桥时，在何家村头劳动的男子何育沙看到队伍中的何绍秀，问他要不要回家看看，何绍秀大声回答“打鬼子要紧”，一步也没有掉队。

9日晚23时，第3支队和宣当人民抗日自卫总队兵分三路，向日伪军进攻。第1营负责攻打狸头桥并扫清守敌189团；第2营攻打更楼巷、韦村；第3营主攻慈溪及负责打援，阻击伪军188团。伪军占据狸头桥外围的云山、塔山，居高临下，以火力压制新四军；加上狸头桥镇外200米处的福亭庵修筑有几座碉堡，1营战士前进受阻。正在此时，受伤的李连长身先士卒，在何绍秀等机枪手的掩护下，身背集束手榴弹，飞快登上云梯冲向敌堡，将手榴弹塞进堡内，与敌人同归于尽。何绍秀见状，立刻与战友们一跃而起，乘势攻克敌堡。随后，1营又分兵数路包围云山、塔山之敌，何绍秀扛起机枪，率先抢占文昌宫和附近有利地形，切断了敌人对外的一切联系。10日中午，云山守敌投降，塔山之敌也被全歼。不久，更楼巷战斗也胜利结束。

10日下午，3支队和抗日自卫总队全部向狸头桥街道挺进，对伪军189团团部发起进攻。战士们顶着“土坦克”（把打湿的棉被钉在大方桌上面），逐渐接近敌团部驻地。人高马大的何绍秀竟然一个人顶起一辆“土坦克”，朝伪军碉堡冲过去。瞅准时机，他一边高呼“弟兄们跟我冲，鬼子快顶不住了！”一边腾出右手端起机枪猛烈扫射。战友们受到鼓舞，顿时杀声震天，冲过石板桥，攻入伪军团部。除伪军团长潜逃外，余敌全部被歼。整个战斗歼敌1000余人，狸头桥战斗大获全胜。

8月15日，日本政府宣布无条件投降。次日，南京汪伪政府解散。8月28日，为制止内战，争取和平，毛泽东应邀率团赴重庆与蒋介石谈判。共产党作出重大让步，决定让出南方8个抗日解放区，将部队转移到江北。9月底，宣当地区北撤人员奉命到高淳县城附近的保圣寺集中、整编。整编后的宣当警卫团共700多人，何绍秀名列其中。10月初，宣当警卫团随苏浙军区1纵队渡过长江，开往苏北淮安杨家庙，编入新四军正规军第8纵队（即后来的26军）70团。

从此，何绍秀跟随大部队奋战在苏中、山东、河南地区，历经多次战役，于1949年4月胜利渡江后，在5月份上海战役的外围，解放昆山的战斗中英勇牺牲，是年26岁。据战友回忆，当时敌军飞机频繁轰炸试图阻止解放军前进，何绍秀看到几名战友还没来得及进入防空洞，便举起机枪朝最近的一架敌机狂射以吸引

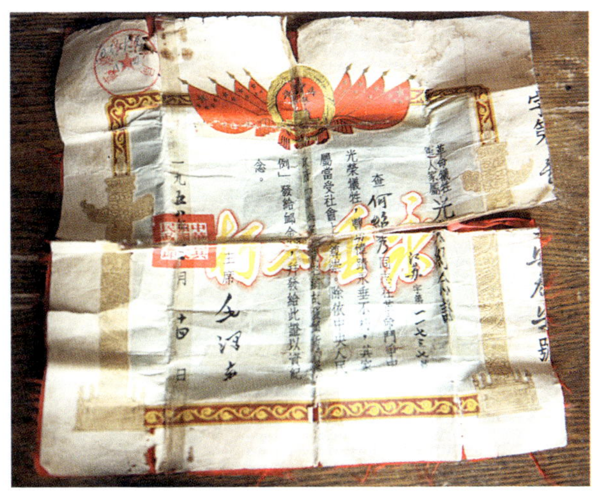

何绍秀烈士纪念证

注意掩护战友，不幸被敌机俯冲扫射击中。

如今，何绍秀烈士后人至今保存着1958年12月14日毛泽东主席签发的一份《革命牺牲军人家属光荣纪念证》（证书编号为江苏11737号）。其正文如下：

> 查何绍秀同志在革命斗争中光荣牺牲，丰功伟绩永垂不朽，其家属当受社会上之尊崇。除依中央人民政府《革命军人牺牲病故褒恤暂行条例》发给恤金外，并发给此证以资纪念。

险岁峥嵘驰战场，英魂磅礴垂青篇。今日神州看奋起，陵园千古慰忠魂！如今，区民政部门与蒋山村委即将为何绍秀烈士竖立墓碑，供后来者敬仰。我们相信，烈士将与青山同在，与大地永存，将是我们心中一块永久的丰碑！

陈小头

——为家为国勇捐躯

在蒋山的红色文化里，陈小头当有浓墨重彩的一笔。

据民政部门资料记载：固城蒋山吴家陈小头，1920年生，1944年参加新四军，任区大队班长，1949年失踪。新中国成立后经同村吴广兴（时为部队干部）证明，陈小头在“皋南战斗”中身负重伤，牺牲在鬼头街，1958年被追认为革命烈士。

陈小头弟兄四个，分别为：陈新富、陈小头（谱名“新定”）、陈新玉、陈方根。20世纪国民党统治时期当兵是抽壮丁，三丁抽一，20出头的陈小头作为壮丁在外当兵一年多，受不了国民党部队的作风，逃了回来。回来后他帮衬父母为三弟陈新玉娶妻成家。1944年，日渐壮大的

陈小头烈士纪念证

新四军在昆山地区扩军，三弟陈新玉报了名。父母知道后，就找陈小头商量：你三弟新玉本就夫妻不和，如去当新四军，他那小家十有八九要散。你在部队待过，不如你代替你弟去新四军吧。陈小头深谙父母用心良苦，当时就爽快应下。

代弟参加新四军的陈小头，思想进步，很快就升任新四军区大队班长，随部队转战南北。1946年7月，著名的“皋南战斗”打响，如皋鬼头街是陈小头所在的华野一师的主阵地。双方鏖战三天两夜，敌49师全军覆灭，我军俘获敌师长王铁汉（后装扮伙夫逃脱）。随即，毛主席以中央军委的名义发来贺电：祝贺你们（华野一师）打了大胜仗。7月23日，延安的《解放日报》头版头条以《如皋之役蒋军万余放下武器》为题予以报道，鬼头街名扬全国。

鬼头街一战后，陈小头就和家里失去了联系。“手心手背都是肉”，父母多方打听陈小头的下落，终于打听到与儿子一个班的双塔驼头人“建伢业”。据建伢业介绍说，陈小头当时大腿负重伤，仍坚持战斗，最后牺牲在鬼头街。后来，同一个村的战士吴广兴也以自己亲眼所见的事实肯定了建伢业的说法。与陈小头一同牺牲的还有同一连队的高淳双塔河城人赵仲全。

几番周折，代弟参军的陈小头被确认牺牲并追认为烈士后，家人就在蒋山旁边的油榨山祖坟上为他立了一座衣冠冢，年年祭拜，表达追思。

陈小头，一个为了小家毅然代弟从军，为了国家奋勇拼杀的烈士，值得我们所有的人敬仰与怀念！

路有国

——蒋山高丘坝抗洪抢险的先锋

固城蒋山高丘坝南埂与宣城狸桥镇大联圩相邻，本是一条20世纪70年代开挖的用于九龙山脉泄洪的山河。每年暴雨季节，山洪下来，经山河西向径直入固城湖。山河的入湖口有一座“连心桥”连接苏皖，由于河床座势较高，又是内河，少风浪侵蚀，山河堤高程挡1983年12.57米的水位绰绰有余。可2016年汛期，暴涨的固城湖水只几天就达历史最高水位13.07米！高丘坝西边的临湖堤虽固若金汤，南埂却显得单薄、脆弱，在疯涨的湖水中，堤埂如一条飘摇而又倔强的带子，护着北面低洼的吴家自然村和村前的数百亩蟹塘。

深夜，蒋山村高丘坝守堤人员巡查中发现坝内村民吴英头承包的螃蟹塘地段，有股浑浊的水贼头贼脑地反向从湖里钻过来。原来是蟹塘水位与湖中水位相平时，用于排内水的管子处因堵塞不当，出现了渗漏。随着湖里水位爬升，压力会不断加大，渗漏扩大后会夹带走泥土，势必形成洞空，如不及时堵住，本就没有青石护坡、土层明显松软的高丘坝就会出现洞涌，并造成堤埂坍塌的可能。

危险！险情就是命令！镇分管领导和村主要领导迅速到达现场，第一时间电话打到有抢险经验的村民路有国的手机上：“有国，有国，南埂吴英头家的排水管出现漏洞，得马上堵上！”

“没事，我来！”刚巡堤换班睡下不久的路有国，手机一放，抓了件雨衣就冲进雨幕，第一时间赶到高丘坝渗漏现场。与此同时，抢险组材料运到现场。三言两语，拟好消险方案，众人都把目光聚到四十岁不到的路有国身上。

“没事，我来！”只见路有国剥掉外衣，赤条着身子跳进一人多深的水中。水里只露出个头的路有国，先是根据目测锁定大致方位，再用脚摸索寻找松软的渗漏口……“有浑水了！有浑水了！”守在内堤察看水色变化的人大声叫喊起来。经验告诉我们：水里的路有国找到埋在水下堤内的那根PVC出水管，又顺藤摸瓜找到管外壁被水泡软的渗漏处，漏水口被脚踩动才引起了水浑。一个猛子扎下去，又一个猛子扎下去……布条被路有国麻利地塞进渗漏口，紧接着十几根梅花桩从渗漏处的外堤相继打下去，再是黏泥块、泥袋、沙包死死地压住！奋战了一个多小时，路有国在水里泡了一个多小时！他上得岸来，村支书见路有国浑圆的膀子上满是鸡皮疙瘩，关切地说：“受凉了吧？”“没事。”路有国憨厚一笑，拿起他哥路有顺（另一名村干部）递来的酒喝了几口，披上雨衣又消失在淅淅沥沥的雨中……

路有国在排险

据了解，路有国是蒋山村的普通村民，但积极支持地方工作。由于他生在湖边，水性好，又曾在湖里弄过围网，水里的活娴熟，摸涵、打桩，他从不含糊，今年的保家保圩防汛工作，他更是冲在一线：“我来，没事。”

7月7日，高淳区区长巡查高丘坝，看到南埂像是漂在水面上一样危险，立刻向部队请求，调来临汾旅六连、防空营一连二连三连。解放军战士和高淳区退役军人抢险队共360多名官兵，在区人武部政委的带领下，迅速加高加固南埂，最终确保了蒋山高丘坝的安全度汛。

英雄谱

——湖滩救难的蒋山何家村民们

蒋山脚下的何家村，这里聚居的村民勤劳勇敢、仁爱智慧、仗义为善，千百年来涌现出了许多可歌可泣的人物与事迹。1953年，蒋山何家村民不顾危险，举全村之力，在寒风刺骨的固城湖中抢救了四十多条生命，这个惊天动地的故事一直流传到今天。

1953年3月28日，强劲的东风已经刮了整整一天，近傍晚时分，风儿还在呼呼地刮着，即将下山的太阳有气无力地发着淡淡的光，天干冷干冷的。这时，何家村干部何育浩、何育郑、何玉生、何绍庠等人正在村中公堂屋（村办公地）和几个互助组的干部商量春耕生产的事情。突然，村民何广生气喘吁吁地跑了过来。只见他上身裹着一件厚棉袄，下身穿着一条单裤子，裤管卷到大腿根，赤着的两只脚和两条小腿上全是黑乎乎的淤泥——不用看，准是“捡干湖”来的。他人还没来得及进屋，就焦急地朝屋里的人吼了起来：“不得了啦，小南湖（固城湖的俗称）里有很多‘捡干湖’的‘湖北佬’（村民对安徽昝村、狸桥境内山民的俗称）没力气走上岸了，有几个人已经瘫在湖中的淤泥里快不行了！大家赶快去救人吧！我是把捡的鱼扔掉后跑上岸来报信的！”

灾情就是命令！时间就是生命！何绍庠二话没说抓起铜锣就向村子

的上风口跑去（这样声音传得远），他一边急促地用力敲锣，一边声嘶力竭地大喊着："小南湖里有人落难了！大家赶快去救人啰！赶快去救人啰！"

事情原来是这样的……

固城湖的前身原是海滨的一个潟湖（史称丹阳大泽），后来经过江河泥沙的长期冲积，大泽中出现一处处平坦的湖滩，又经历代人的围垦，大泽就被分割成了固城、石臼、丹阳三湖。1953年时的固城湖面积七八十平方公里，南北长约十一公里，东西宽约九公里，平坦的湖底略呈东高西低走势。固城湖系长江水系，湖水每年四月开始上涨，七八月份达最高值，九月以后湖中水位随着长江水位的下降而下降，至翌年二三月达最低值——最深处一米多，湖东岸水位甚至不到一尺。所以冬春季节，每逢刮东风的日子，只要风力达到四级左右，湖东岸的水就会被风慢慢吹向湖西岸。因为天气寒冷，藏在石块边、水草下、浅水宕的鱼儿来不及随水游走，就只能搁浅，于是湖东岸沿湖一线的乡民，就瞅准这样的时机下湖去捡那些搁浅的鱼儿（俗称"捡干湖"），或打打牙祭，或卖点零钱补贴家用。

今年78岁的何广平说："'捡干湖'既是技术活，更是体力活。下湖之人要根据风力大小、路程远近和自己的体力判断上岸的时间。因为捡鱼时是顺风行走较省力，但上岸时一般就是逆风行走，很费力气，如离岸太远，体力不支，就会有生命危险。那次湖难发生在农历二月十四，但前一天，也就是二月十三，我们村上就有很多人捡'干湖'去了，每个人都捡了很多鱼，于是一传十，十传百，一村传一村，才有二月十四日的山里山外、十里八乡的那些一没有下过湖、二没有半点'捡干湖'经验的大批山里老表来捡鱼。"

76岁的何裕文又补充说："'捡干湖'的人要带足水和点心，这最重要。捡鱼的工具也有讲究，最好是能浮在淤泥上的可以拖行的物件，这样行走起来省力气。还有一点就是捡鱼时不能贪心，捡得差不多了就要上岸回家。另外，不可以‘吃独食’，也就是不能一人独行，下湖时最好几个人同行，这样相互有个照应。”

“是的，一定要有分寸，不可贪心！”何广平说，“那些山民可不懂得这些，他们开始只要见到小鱼小虾就捡起来。但湖水随着风力一直在慢慢向西边退却，那些来不及游离的鱼儿越来越多，而且越来越大，于是他们就扔掉小的捡大的，渔具装满了，就把身上衣服脱下来装……最后，鱼捡到了，人也筋疲力尽了，更要命的是他们竟然不知不觉跟着水已经深入到了湖荡中心，有的甚至更远！看得开的人赶紧把鱼扔掉轻装上阵往回走——这还有生还的希望；看不开的人舍不得扔掉鱼，就只能慢慢地一寸一寸在湖中的淤泥里挣扎、爬行直至断送性命……”

……那天下午，当一阵阵急促的铜锣声在村里响起，人们都知道肯定出大事了。大家不约而同跑出了家门，听到湖中有很多人落难急需去抢救时，年轻力壮的男人们毫不犹豫，带上简单的施救物品立即向湖边飞奔，一会儿工夫就跑到了。面对一眼望不到边的黑乎乎的淤泥荡，他们没有恐惧，没有退缩！这时有一定救难经验的何玉生、何裕荣立即将大家分成三至五人一组，每组拖上一条小船，没船的就用大木盆，提着马灯、拿着火把，赤着脚，高卷着裤腿，冒着严寒一字排开向湖中搜索前进。

同一时间，村里的其他人也没有闲着，都在村里长辈的组织下做着救人的各种工作。何绍庠、何广生顾不得捡了一天“干湖”的疲劳，用推车推了满满两车稻草到湖边，大家七手八脚很快沿湖岸生起几堆篝火，给湖中辨不清东南西北的人们指明方向。一担，两担，三担，柴草不停地运来；十五堆、十六堆、十七堆，一堆堆篝火在不断地增加……一会儿，几里路长的湖岸线上燃起了无数堆篝火，这熊熊燃烧的火焰，在这干冷漆黑的夜晚，显得那么明亮，那么温暖，那么动人心魄！

滚烫的开水烧来了；

自己没来得及吃的喷香的晚餐送来了；

家里宝贵的干粮拿来了；

家里的新被子拿来了；

家里的竹床、门板扛来了……

这时的何家村，锅头灶脑随便烧，车马舟楫随便用，不管男女，无问老少，大家心往一处想，力往一处出，劲往一处使！心里只有一个目标——救人！救人！救人！

那些下湖搜救的青壮年们，他们下湖后眼观六路，耳听八方，极力搜寻着湖里落难的人儿。“前面有人，大家快过来！”跑在最前面的何育贵隐约听到有人呻吟，走近一看，只见一位中年男子瘫坐在淤泥里瑟瑟发抖，口中在喃喃自语“救救我，救救我”。他的身旁还躺着两位青年男子，喊他们也不应答，一位已不动弹，满脸满嘴都是泥；另一位不停地将淤泥抹在身上，口中还念念有词：“逮大的，逮大的。”原来他已有些神志不清了。这时何绍南、何广林、史之林、史之鑫也过来帮助救援了。何广林一把抱起昏迷的小伙子，快速抠去他嘴里的泥巴，把他放到船上后，又马上喂给他热水；大家把其他两人抬上小船后，一边给他们喂水喂粥，一边弯着腰用力将小船急速向岸边推进！脚割破了，腿撞疼了，手划伤了，他们全然不顾，一心想着向前！向前！

英雄谱

守候在湖岸边的人们很远就听到湖中有人被搜救到了，没等船儿靠近，几位年长的男人也赤着脚跑进湖中的淤泥里帮着拖船。船一靠岸，大家就用最快的速度将落难者抬上简易的担架——翻倒过来的竹床里，盖上被子，立即向临时救援地——离湖不远的泗週庵跑去。

泗週庵里早已人头攒动！救助的热水早已烧好，篝火早就燃起，地上早已撒上了稻草，并铺好了被子。落难者一到，脱衣服的、擦身子的、喂水喂饭的、烤火取暖的，大家临危不乱，迅速有序地做着救援工作……

一批又一批的难民被陆续救上岸，泗週庵里已经挤不下了，怎么办？这时大队长何育郑大声说："没有醒过来的原地继续施救，把醒过来的赶快抬到村里的公堂屋里去！"青壮年这时都在湖里救人，于是在场的老年人以及少年儿童，加上来到湖边寻人的人们，全都加入转移难民的队伍中。

生命诚可贵！焦急的何止那些失踪人员的亲人们呢？守候在湖岸边负责接应的人们一样在焦急地等待着。他们专注地观望着黑乎乎的湖荡，一有动静，就会立即冲进淤泥中接应援助。当遇到还能自己行走的难民，他们立即上前询问有没有遇到急需搭救的人，快速递上点心给予接济力气，搀扶着他们上岸，然后立即让其坐到篝火旁烤火取暖，喝碗热乎乎的稀饭，再将他们转移到更加暖和的地方；遇到需要抢救的就迅速加入救人的行列。

"相救啰！相救啰！"突然，湖中不远处的一块沙滩上传来一阵焦急的呼喊声！原来参加救难的何广春扶着两位难民好不容易从湖里走了上来，刚走上沙滩，两难民就躺下去了，任凭他怎么拉，两人也不起来。他知道，如果让他们睡去，就再也醒不过来！情急之下，他就呼喊起来。刚刚救人到岸上的唐开云听到呼救声，连忙推着一辆独轮车向湖中走去，好几位老者也加入进来。到了那里，大家七手八脚，抬的抬，扶的扶，推的推，拉的拉，不一会儿就把两人救上了岸，又抬到泗週庵里继续施救……

据何裕文介绍，何家村的这次爱心接力救援，除去接受烤火取暖、引路喝粥帮助然后自行离开的人数不算，仅在泗迵庵、公堂屋接受施救的就有四十多人！四十多条年富力强的鲜活生命，在全村人的共同努力下终于又重新焕发出了生命的光彩！

半个月后，何家祠堂的大院里，昝村乡长岭岗的地方剧团正在为何家村的乡亲们演唱花鼓戏——《荞麦记》。半个月前，在被救的四十几人中，这个村的人数是最多的。村里不但送来了感谢救命之恩的花鼓戏，还送来了一面锦旗，上书八个大字：何氏望族，大爱无疆！

传奇故事

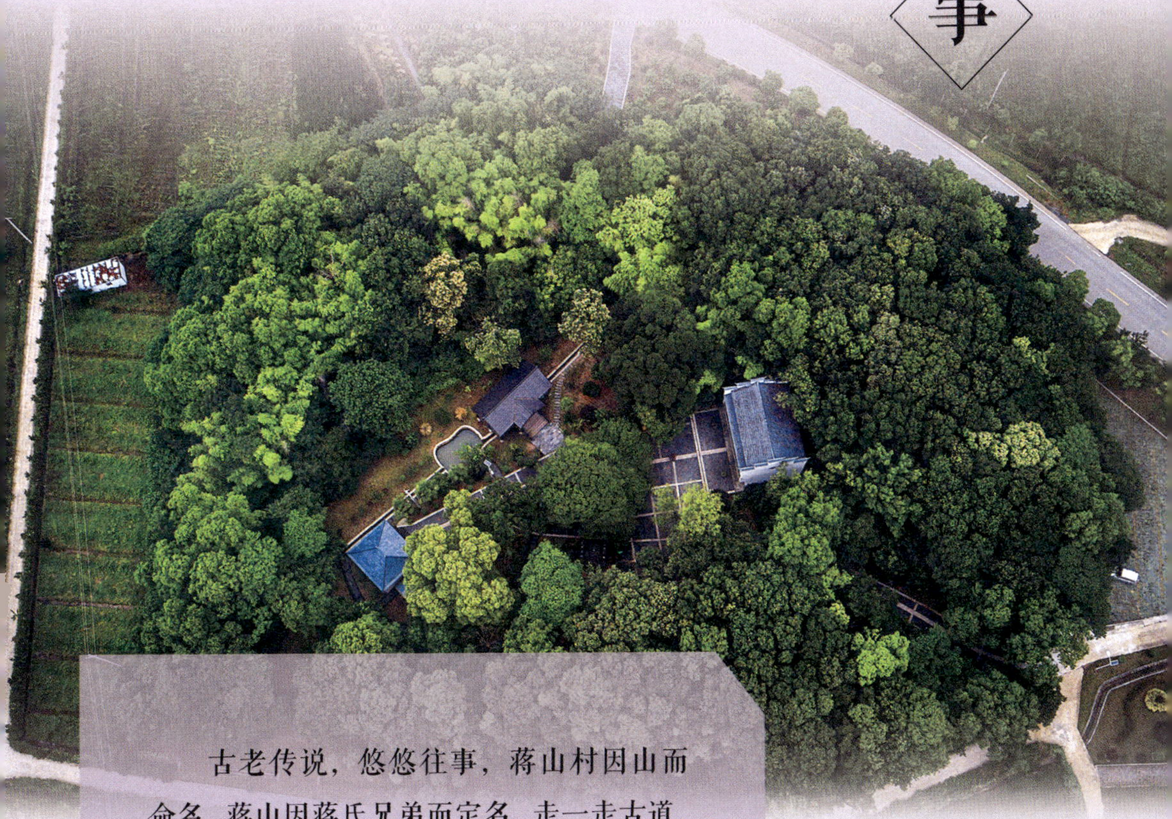

古老传说，悠悠往事，蒋山村因山而命名，蒋山因蒋氏兄弟而定名。走一走古道，看一看蒋山，青山依旧在，传说，在蒋山村人的口中代代流传。

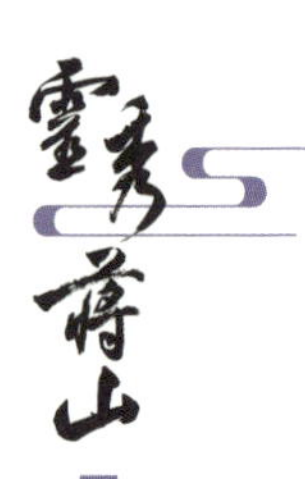

兄弟淘金

——“蒋山”的得名

蒋山村是南京高淳区最南端的村落，它的南面与安徽相连，中间以一座“蒋山”为界，一山连着苏皖二村，二村都以“蒋山”为名。据说，蒋山的来历与一对蒋氏兄弟有关。

蒋山远眺

蒋山采矿

相传，高淳本无蒋姓，蒋姓始于河南，发祥于江苏宜兴，属百家姓第十九大姓。唐朝末年，黄巢起义，天下动乱，百姓生活维艰。居住在宜兴的一对蒋氏兄弟，战乱中父母双亡，房屋尽毁。为了躲避战乱，兄弟俩商量远离家乡，寻一处可以安身立命的地方生活。他们沿着河流边上西行，风餐露宿，一路走到胥河边，又沿着胥河往西走，直至固城湖南岸的九龙山。看山势蜿蜒起伏，山旁有一小岗，岗边小溪潺潺，兄弟二人一合计，觉得这里已远离战乱，有山有水适宜安家。于是，他们就在岗下的小溪旁边搭起简陋的窝棚住下，开荒种地。

兄弟二人日出而作，日落而歇，精心侍弄田地，可一年过去了，收成还不够填饱二人肚子。一日，弟弟在田边休息时，有相邻的当地人告诉他，他们栖息的这一处山岗叫金山，土地贫瘠，种不出什么粮食。“金山金山，是不是真的有金子呢？”弟弟问哥哥。心细的哥哥环顾四周，发现山岩稀松，色泽紫红，与别处确实不同。想到以前在家乡时听到的关于淘金的故事，既然种不出什么粮食，那就试试会不会淘到金子。兄弟二人商量利用耕作之余，借溪水试着淘金。每天，兄弟二人做完田里的活，就来到溪边淘洗泥沙，历经数日毫无发现。弟弟觉得开荒种地已累得够呛，淘金也没有什么发现，还不如再开垦荒地去。哥哥边努力淘洗泥沙，边对弟弟说：“金子不是随便就能淘到的，如果能不费吹灰之力就淘到金，还能轮到我们吗？老早就被附近的人淘走了。不吃苦中苦，哪能做人上人呢？”

兄弟二人又坚持了几日。一天，哥哥淘洗泥沙时，发现泥沙在夕阳下点点闪光，待泥沙淘尽，一粒金粒子在兄弟二人眼前闪亮着。兄弟俩喜出望外，停止耕种，专门淘金。他们日出淘金，日落而歇，每日里

辛苦淘洗，待碎金积攒到一些，就坐船到固城湖西岸的濑渚邑换购粮食粗布，置办一些家用。兄弟俩的日子慢慢丰润起来了。颇有头脑的哥哥精细打理生活，积攒下一些碎金来，他认为，淘金只是一时之计，金子总有被淘完的时候，要想生活越过越好，还得要置下田地，作为以后的生存之基。隔了半年，兄弟俩通过当地管事的人买下小金山西侧的一座高百米的孤山，此山未曾有名，他们就以自己的姓为山取名，唤作“蒋山”，并在山脚下建房长住，娶妻生子。

附近的人听到当初一穷二白的蒋氏兄弟淘金致富，竟然买下一座山，他们蜂拥而至，加入淘金的行列来，整个金山上人声鼎沸，一片喧闹。但金山上的金粒分布稀少，多数人徒劳无获，只有少数幸运的人淘得数粒，也只能换个温饱。渐渐地，喧闹的金山又回归宁静，只剩下蒋氏兄弟俩。此时，兄弟俩已开枝散叶，各有一子，一子叫旺水，一子唤旺木。金粒越淘越少，好在哥哥有先见之明，预先买下了蒋山，两家人在蒋山脚下开垦种地，在山上种茶种树，日子也能过得下去。

风雨经年，兄弟二人年事渐高，孩子们已长大成人，金山也已千疮百孔，再也无金可淘了。孩子们商量着离开家，重新去择业。旺水选择

雪后蒋山村

去固城湖西濑渚洲开办鱼行、竹铺，传说今天的淳溪镇蒋家和蒋家巷与他有关；而旺木想离父母近些，就全家搬到南两里的大花山脚下，继续开垦荒地，种茶植树，开化了现在的蒋山村蒋氏一族。据说，因患血吸虫病举家迁往固城天保埂蒋家墩的蒋氏，于清末民初又有部分蒋姓迁回蒋山蒋家。

古老传说，悠悠往事，蒋山村因山而命名，蒋山因蒋氏兄弟而定名。走一走古道，看一看蒋山，青山依旧在，传说在蒋山村人的口中代代流传。

仙女红袋

——崔致远的爱情奇遇

夜静更深，驿馆陋室，一灯如豆。溧水县尉崔致远端坐灯下，手捧两篇诗文读得是如痴如醉，口中连称："好诗！好诗！"不料话音刚落，一阵睡意袭来，他两手托腮，沉沉睡去。睡梦中崔生恍恍惚惚走进了一间女子的闺房，看到一个十分俊俏的女子正和其父争执不休。

"父亲，女儿心意已决，誓死不嫁刘大人！"

"这是何苦呢？女儿！男大当婚，女大当嫁，父母之命，媒妁之言，古来如此呀。"

"并非孩儿不愿意嫁，儿年方十八，岂能不贪恋人间欢乐？但父亲非要将我嫁那老朽庸俗之人，女儿情愿一死。"

"老夫少妻比比皆是，没什么不好。再说那刘大人富可敌国，嫁给他委屈你了？"

"我不要这份好命，也不稀罕那些钱财，此生只愿与心爱之人共度年华。"

父亲恼羞成怒，拂袖而去。女子绝望地掩面而泣，哭声凄惨。崔生正欲上前劝解，头顶骤然响起三声更鼓，吓得他一个激灵，醒转过来。

崔致远是古新罗国（今韩国）人，生于唐宣宗大中十一年（857）。十二岁来唐朝留学，十八岁考中进士，二十岁被朝廷授溧水县县尉。当时溧水、高淳属一县，溧水又归宣州郡管辖。连接溧水与宣州的驿道叫宁国驿道，其中一段就在今高淳固城街道蒋山村花山脚下。驿道上最后一个驿站——招贤驿也在花山脚下。崔致远往来宣州、溧水之间汇报工作，常常留宿于招贤馆。这天，崔致远跨马从溧水县衙南门出发，沿宁国驿道一路巡察，至花山脚下时，见日头西沉，决定留宿招贤馆。花山秀峰突兀，幽谷鸣泉，以盛产白牡丹名闻遐迩，这时正值暮春时节，山上花香四溢，苍翠欲滴，游人如织。崔致远登山俯瞰固城湖万顷波光，穿春台赏怪松奇花，流连忘返，回到山下已是傍晚时分。进得馆来，得知馆前山岗上有古迹双女坟，历来是名人贤士游览之所，打听其来历，却无人说得清。于是，顾不上休息，崔致远抱着好奇心匆匆赶去凭吊。踏上墓地，见一座小山般坟墓孤零零出现在旷野，没有墓碑，无人祭奠，只有芳草萋萋，一种同情爱怜之心油然而生。他随手从地上捡起一块赭石，拂去墓门上的尘土，“唰唰唰”挥笔写下七律一首。诗云：“谁家二女此遗坟，寂寂泉扃几怨春。形影空留溪畔月，姓名难问冢头尘。芳情倘许通幽梦，永夜何妨慰旅人。孤馆若逢云雨会，与君继赋洛川神。”对两位少女青春夭折，身后连姓名都没有留下的遭遇，表示无限同情怜悯。同时联想起自己远离亲人故国，倍感孤独，希望双女芳魂能在梦中与之相会，效法洛川女神留一段风流韵事。

双女坟

崔致远题罢回馆，天色已经不早，为壮行色，便从墓旁折一根蒺藜提在手中，迎着清风明月漫步在荒野小径。走着走着，忽见前面来了一位着翠衫的年轻女子。她手里提着两只鲜艳夺目的红袋，上前彬彬彬有礼地说："我家八娘子、九娘子命我来给秀才传话，感谢你白天特意造访，并题赠精美诗句，她俩对你的诗词都有酬答，特来奉呈。"崔生闻听，为之一惊，忙问："你说的八娘子、九娘子姓甚名谁？家住何处？"翠衫答："秀才刚才拂石题诗处，便是两位娘子的家。"崔致远又一惊，原来眼前站着的是一名女鬼，女子笑容可掬，倒比常人更显亲切，他也就不再害怕，伸手接过红袋。

回到驿馆坐定，崔致远先解开第一袋，见是八娘所写的答和诗，诗云："幽魂离恨寄孤坟，桃脸柳眉犹带春。鹤驾难寻三岛路，凤钗空堕九泉尘。当时在世长羞客，今日含娇未识人。深愧诗词知妾意，一回延首一伤神。"诗歌悲切陈述自己花季早逝，虽人死不能复生，然追求纯真爱情的芳心始终不泯，今得公子题诗寄情，喜不自禁。接着解开第二袋，九娘子的酬答又跃入眼帘："往来谁顾路旁坟，鸾镜鸳衾尽惹尘。一死一生天上命，花开花落世间春。每夸秦女能抛俗，不学任姬爱媚人。欲荐襄王云雨梦，千思万忆损精神。"诗作痛诉命运的不公，竟连一名女子应该拥有的情和爱也不给享受。表明自己既不求清心欲，也不屑浪荡轻浮、故作多情。诗的后面另附五绝一首："莫怪藏名姓，孤魂畏俗人，欲将心事说，能许暂相见？"说明酬答为什么不留姓名，明确表示待见面后一吐衷肠。两首吟罢，崔致远拍案叫绝，连称："好诗！好诗！"话音刚落，一阵睡意袭来，不觉沉沉睡去，做起了梦。

三更时分，崔致远见八娘九娘两位仙子迟迟未到，不免有些急不可待。正欲出门观望，忽闻一阵清香袭来，只见窗外小径上翠衫姑娘搀扶着两位女主人，轻移莲步，翩翩而来。注目细看，果然一双明眸、两朵瑞莲。崔生又惊又喜，迎上前道："致远海岛微生，风尘末吏，能得两位仙子垂爱，真乃三生有幸！"边说边把她们引入客厅。奇怪的是，尽管主人百般殷勤，二女端坐一旁只笑不语。崔致远有些急躁，脱口吟唱：“芳宵幸得暂相亲，何事无言对暮春；将谓得知秦室妇，不知元是息夫人。”出言不慎，竟将二女比作古代两位不事二夫的刚烈妇女，顿使气氛急转而下。只见其中一位着紫裙的女子很不高兴地说：“公子所言差矣！我俩都是未出阁的闺女，怎能与妇人相提并论！”崔致远自知失言，忙赔礼道歉，连说：“小生多有得罪！多有得罪！”把二女惹得笑了起来。见气氛缓转，崔致远抬头问谁是八娘。八娘温文尔雅，上前一步。这八娘似曾相识，细瞧原是那梦中女孩，崔致远关切地问：“仙子刚才可否来我梦中哭诉？”八娘说：“是我，我于公子有缘。” 崔致远又问：“敢问二位仙子家住何方，哪家女子，因何与我有缘？”两仙女红着眼眶低下了头，八娘流着泪说：“我和小妹乃溧水县楚城乡张氏二女，父亲曾是这招贤驿站的驿长。父亲对我俩甚是疼爱，从小亲自教导。小妹与我是远近闻名的大家闺秀，知书识礼，才貌出众。当我十八、妹十六岁时，盐商刘大人看中我，那刘大人已五十有余，比我父亲还年长许多，因此我是死活不从。但父亲慑于刘大人淫威，逼我出嫁。我已有爱慕之人，不愿屈就，但又说服不了父母，眼看终身大事不能如愿，含恨自尽。没想到，刘大人竟示意父亲可以将小妹再嫁于他。小妹自小体弱，性格刚烈，怨愤成疾，不久也追随我于地下。父母痛失双女，这才追悔莫及，从此心灰意冷，辞官回乡。怎奈我与小妹是少女之身，没有未婚夫‘招冥亲’，灵柩不能上祖坟，只能弃

双女坟墓道

尸荒野，成为‘孤魂’‘野鬼’，更不能立碑留名。父母见我俩可怜，拿出千金万银，在这花山脚下给我们选了一块风水宝地，造了一座豪华巨冢，将我俩同葬一穴，泉下相依相伴。至今，我俩已飘零于此一百余年。”崔生问：“两位仙子何苦忍受这百年孤独？”九娘见八娘欲言又止，上前脆生生答道：“姐姐等公子你等得好苦。”“等我？”崔生又惊又疑。九娘继续说：“姐姐的心上人与公子极其相似。当年父亲经营这片招贤驿馆时，常有青年才俊因办差来此住宿，姐姐才貌双全，远近闻名，仰慕者众。姐姐也爱慕有才有志青年，十七岁那年她与溧水县一名县尉相爱。那县尉文武双全，风度翩翩，可谓郎才女貌。可惜盐商刘大人横刀夺爱，要强娶姐姐。姐姐是宁死不从。姐姐死后，还想再见那心上人一眼，不舍得离开此地，在此做了孤魂野鬼。我怕姐姐孤单，也陪着她等。今天老天开眼，公子终于来了。公子仿似那县尉转世。当公子于墓门题诗寄情时，姐姐是喜极而泣。老天垂怜！从此百年夙愿终了却，我们姐妹俩也可安安心心地离开此地了。”说完，姐妹俩相拥而泣。崔致远听九娘一番肺腑之言，深受感动，也是泪水涟涟。他掏出手帕替八娘、九娘拭去泪水，怜惜地说：“今天有缘相见，本该高兴才对，我们何不吟诗唱和，一醉方休？”说完去厨房取来酒菜对二仙说：“不知世俗之味，可不可以献给物外之人。”八娘看了一眼九娘，笑笑说：“我俩本来是无饥无渴，毋须饮食的鬼魂。今日幸遇公子，哪敢有推辞之理？”于是，三人对坐，翠衫在一旁斟酒。酒过三巡，谈笑风生，吟诗唱和，互诉爱慕之心。这时，明月如画，清风似秋，更添无限情趣。八娘提议：“当此良辰美景，我们何不以月为题，以风为韵，联诗助兴？”崔致远一听，拍手赞同，抢先起联：“金波满目泛长空，千里愁心处处同。”八娘吟：“轮影动无迷归路，桂花开不待春风。”九娘接着吟：“圆辉渐皎三更外，离思偏伤一望中。”崔致远为二女文才诗情所倾倒，饶有兴味地说：“可惜席间缺少笙歌弹奏，不能尽兴！”八娘看了看翠衫，笑笑说：“丝不如竹，竹不如肉，翠衫能歌善舞，让她唱一曲为我们助兴吧。”翠衫听命，整了整衣襟，大大方方地唱了起来。优雅的曲调，清润的嗓音，令人心旷神怡，如入仙境。三人边听边饮，崔致远已有几分醉意，他看着八娘、九娘美丽可爱的模样，说：“今宵天赐良缘，我们何不就此结成姻好？”九娘听罢，频频点头，对八娘说：“姐姐，时间已经不多了，我与翠衫去厅房等你，不打扰你与姐夫共度这良辰美景。”说罢，九娘领着翠衫幻化而去。

崔致远携八娘同入罗帐，缱绻之情，自不须细叙。他搂着八娘开玩笑说：“小生未作人婿，却来墓侧与你喜结良缘，不知哪来的福分？”八娘含情脉脉地低吟：“人间远别肠堪断，泉下孤眠恨莫穷。” 崔致远答：“五百年来始遇贤，且喜今日得双眠，芳心莫怪轻狂客，曾向春风占谪仙。”两人正说说笑笑间，忽闻远处传来声声鸡鸣。八娘惊起，深情地看了看枕边人，颇为伤感地说：“我们就要离别，从此再不可能相见，如此离长会促，叫我怎么舍得分手？”说完，泪如雨下。她边哭边吟：“星斗初回更漏阑，欲言离绪泪不干，从此更结千年恨，无计重寻五夜欢。” “斜月照窗红脸冷，晓风飘袖翠眉攒。辞君步步偏肠断，雨散人归入梦难。”声声情，字字泪，倾诉难分难舍的心绪。崔致远听着听着，不禁潸然泪下。八娘拉着他的手语重心长地说：“公子不必过于伤感，今日一别，我俩情缘已尽，大丈夫志在千里，不要贪恋儿女情长而忘记心中抱负。”这时东方微露晨曦，八娘急急整衣下床，渐渐隐去身影。

崔致远跌跌撞撞追至门外，站在宁国驿道上，抬头望向头顶一丝曙光，依稀看到八娘在云间向他频频挥手。他知道八娘、九娘已化仙而去了，不禁深深感慨：如此深情厚意之女，实属人间难觅。

回到溧水县衙，崔致远还沉浸在深深的思念之中。他牢记八娘临别时的赠言，暗下决心：今生一定要出人头地，不负仙子一番深情厚意。待心情稍稍平静后，他作长诗一首，详述双女坟遇仙始末，聊以自慰。

作别仙女后，崔致远似乎得到仙女的庇护，在中国数年仕途一路顺畅，回国后不仅家族人丁兴旺，自己也成一代大师，著作颇丰，被韩国学术界尊奉为韩国汉文学的开山鼻祖。

【附　录】

仙女红袋

崔致远，字孤云，年十二西学于唐。乾符甲午，学士裴瓒掌试，一举登魁科。调授溧水尉，尝游县南界招贤馆，馆前冈有古冢号双女坟，古今名贤游览之所。致远题诗石门曰："谁家二女此遗坟，寂寂泉扃几怨春。形影空留溪畔月，姓名难问冢头尘。芳情倘许通幽梦，永夜何妨慰旅人。孤馆若逢云雨会，与君继赋洛川神。"题罢回馆，是时月白风清，杖藜徐步，忽视一女，姿容绰约，手提红袋，就前曰："八娘子、九娘子传语秀才，朝来特劳玉趾，兼赐琼章，各有酬答，特令奉呈。"公回顾惊惶，再问："何姓娘子？"女曰："朝间拂石题诗处，即二娘所居也。"公乃悟，见第一袋是八娘子奉酬秀才，其词曰："幽魂离恨寄孤坟，桃脸柳眉犹带春。鹤驾难寻三岛路，凤钗空堕九泉尘。当时在世长羞客，今日含娇未识人。深愧诗词知妾意，一回延首一伤神。"次见第二袋，是九娘子，其词曰："往来谁顾路旁坟，鸾镜鸳衾尽惹尘。一死一生天上命，花开花落世间春。每夸秦女能抛俗，不学任姬爱媚人。欲荐襄王云雨梦，千思万忆损精神。"又书于后幅曰："莫怪藏名姓，孤魂畏俗人，欲将心事说，能许暂相见？"公既见芳词，颇有喜色，乃问其女名字，曰"翠襟"。公悦而挑之，翠襟怒曰："秀才合与回书，空欲累人。"致远乃作诗付翠襟曰："我把狂词题古坟，岂期仙子问风尘。翠襟犹带琼花艳，红袖应含玉树春。偏隐姓名寄俗客，巧裁文字恼诗人。断肠唯愿陪欢笑，祝祷千灵与万神。"继书末幅云：青鸟无端报事由，暂时相忆泪双流。今宵若不逢仙质，判却残生入地求。翠襟得诗飞迅如芝逝。致远独立哀吟，久无来耗，乃咏短歌。向毕，香气忽来，良久二女齐至。正是一双明玉，两朵瑞莲。致远惊喜如梦，拜云：“致远海岛微生，风尘末吏，岂期仙侣，猥顾风流，辄有戏言，便垂芳躅。”二女微笑无言。致远作诗曰：“芳宵幸得暂相亲，何事无言对暮春；将谓得知秦室妇，不知元是息夫人。”于是，紫裙者恚曰：“始欲笑言，便蒙轻蔑，息娱曾从二婿，贱妾未事一夫。”公言：“夫人不言，言必有中。”二女皆笑。致远乃问曰：“娘子居在何方？族序是谁？”紫裙者陨泪曰：“儿与小妹，溧水县楚城乡张氏之二女也。先父不为县吏，独占乡豪，富似铜山，侈同金谷。及姊年十八，妹年十六，父母论嫁，阿奴则定婚盐商，小妹则许嫁茗估。姐妹每说移天，未满于心，郁结难伸，遽至夭亡。所冀仁贤，勿萌猜嫌。”乃问二女：“寄垅已久，去馆非遥，如有英雄相遇，何以示现美谈？”红袖者曰：“往来者皆是鄙夫，今幸遇秀才，气秀鳌山，可与谈玄玄之理。”致远将进酒，谓二女曰：“不知俗中之味，可献物外之人乎？”紫裙者曰：“不食不饮，无饥无渴，然幸接瑰姿，得逢琼液，岂敢违辞？”于是，饮酒各赋诗，皆是清绝不世之句。是时明月如画，清风似秋，其姊改令曰：“便将月为题，以风为韵。”于是致远作起联曰：“金波满目泛长空，千里愁心处处同。”八娘曰：“轮影动无迷归路，桂花开不待春风。”九娘曰：“圆辉渐皎三更外，离思偏伤一望中。”致远曰：“练色舒时分锦帐，珪模映处透珠栊。”八娘曰：“人间远别肠堪断，泉下孤眠恨莫穷。”九娘曰：“每羡嫦娥多计较，能抛香阁到仙宫。”公叹讶尤甚，乃曰：“此时无笙歌奏于前，能事未能毕矣！”于是红袖乃顾婢翠襟，而谓致远曰：“丝不如竹，竹不如肉，此婢善歌。”乃命诉衷情词。翠襟敛衽一歌，清雅绝世。于是三人半酣，致远乃挑二女曰：“尝闻卢充逐猎，忽遇良姻，阮肇寻仙，得逢嘉配。芳情若许，姻好可成？”二女皆诺曰：“虞帝为君，双双在御；周良作将，两两相随，彼昔犹然，今胡不尔？”致远喜出望外，乃相与排三净枕，展一新衿，三人同衾。缱绻之情，不可具谈。致远戏二女曰：“不向闺中作黄公之子婿，翻来冢侧夹陈氏之女奴，未测何缘得逢此会。”女兄作诗曰：“闻语知君不是贤，应缘惯与女奴眠。”弟应声续尾曰：“无端嫁得风狂汉，强被轻言辱地仙。”公答为诗曰：“五百年来始遇贤，且喜今夜得双眠。芳心莫怪轻狂客，曾向春风占谪仙。”小顷，月落鸡鸣，二女皆惊，谓公曰：“乐极悲来，离长会促，是人世贵贱同伤，况乃存没异途，升沉殊路，每惭白昼，虚掷芳时，只应拜一夜之欢，从此作千年之恨，始喜同衾之幸，遽嗟破镜之无期。”二女各赠诗曰：“星斗初回更漏阑，欲言离绪泪不干。从此更结千年恨，无计重寻五夜欢。”又曰：“斜月照窗红脸冷，晓风飘袖翠眉攒。辞君步步偏肠断，雨散人归入梦难。”致远见诗，不觉垂泪。二女谓致远曰：“倘或他时，重经此处，修扫荒冢。”言讫即灭。明旦，致远归冢边，彷徨啸咏，感叹尤甚，作长歌自慰曰：

草暗尘昏双女坟，古来名迹竟谁闻，
唯伤广野千秋月，空锁巫山两片云。
自恨雄才为远吏，偶来孤馆寻幽邃，
戏将词句向门题，感得仙姿侵夜至。
红锦袖，紫罗裙，坐来兰麝逼人薰，
翠眉丹颊皆超俗，饮态诗情又出群。
对残花，倾美酒，双双妙舞呈纤手，
狂心已乱不知羞，芳意试看相许否。
美人颜色久低迷，半含笑态半含啼，
面熟自然心似火，脸红宁假醉如泥。
歌艳词，打欢合，芳宵良会应前定，
才闻谢女启清谈，又见班姬抽雅咏。
情深意密始求亲，正是艳阳桃李辰，
明月倍添衾枕恩，香风偏惹绮罗身。
绮罗身，衾枕恩，幽欢未已离愁至，

数声余歌断孤魂，一点残灯照双泪。
晓天鸾鹤各西东，独坐思量疑梦中，
沉思疑梦又非梦，愁对朝云归碧空。
马长嘶，望行路，狂生犹再寻遗墓，
不逢罗袜步芳尘，但见花枝泣朝露。
肠欲断，首频回，泉户寂寥谁为开?
顿辔望时无限泪，垂鞭吟处有余哀。
暮春风，暮春日，柳花撩乱迎风疾，
常将旅思怨韶光，况是离情念芳质。
人间事，愁杀人，始闻达路又迷津，
草没铜台千古恨，花开金谷一朝春。
阮肇刘晨是凡物，秦王汉帝非仙骨，
当时嘉会杳难追，后代遗名徒可悲。
悠然来，忽然去，是知风雨无常主，
我来此地逢双女，遥似襄王梦云雨。

大丈夫，大丈夫，壮志须除儿女恨，莫将心事恋妖狐!

后致远擢第东还。路上歌诗云："浮世荣华梦中梦，白云深处好安身。"乃退而长往，寻僧于山林江海，结小斋、筑石台，耽玩文书，啸咏风月，逍遥偃仰于其间。南山清凉寺、合浦县月影台、智理山双溪寺、石南寺、墨泉石台、种牡丹，至今犹存，皆其游历也。最后隐于伽倻山海印寺，与兄大德贤俊，南岳师定玄，探讨经论，游心冲漠，以终老焉。（摘自《太平通载》卷六十八）

题双女墓二首

清 邢孟麟

双松郁郁冷苍烟，二女魂栖意黯然。
犹有灵风驱牧竖，肯将修态溷商船。

秾华终远荆王梦，幽恨唯凭驿使传。
古墓未犁碑字没，空山愁绝听啼鹃。

又

湘水啼痕犹有托，吴山荒塚竟无依。
可怜衰草斜阳外，不逮双飞旅雁归。

双女墓

清 孔昭云

邑志载：在县东三十里，花山李氏宅旁。鸡林人崔致远唐乾符中补溧水尉，曾为诗吊之。夜梦二女，称谢曰："儿本宣城郡开化县马阳乡张氏二女，少亲笔砚，长负才情，父母鬻妄于盐商小竖，以此愤恚而死，天宝六年同葬于此。"宴语至晓而别。一云招贤驿丞之女，遇难不屈，尽节而死，至今墓上松石犯者辄有祸，其英爽不泯如此。

烈烈双魂李宅旁，精英气节懔冰霜。
心虽匪石生难转，性本如松死亦刚。
三尺孤坟灵佑护，一人知己感深长。
自经崔尉留题后，终古花山照夕阳。

双女坟鸟瞰

蒋山古泉

——清泉流出的传奇

蒋山古泉，当地人称金山泉，传说与几百公里之外的安徽大九华山甚至万里之遥的新罗国有着千丝万缕的关系。

蒋山古泉

蒋山古泉位于蒋山村古宁国驿道旁的金山与蒋山山腰相连的深处。金山西连蒋山，虽山沟的古淘金池和蒋山铁矿废弃矿床早已淹没在树木葱茏中，但往西数百米名闻遐迩的金山泉水长年汩汩地冒出来。这股山泉自古就有，由山石缝隙中涌出，当地人形容有三人车的出水量。山泉沿着一条被冲出的小溪直流而下，汇流至不远处两个约半亩大的泉水塘，水面不宽，但有两竹篙深，泉水清澈得见到塘底的水草。清康熙五十七年（1718），高淳文人邢孟麟《暗斋何公家传》记载说："山趾有泉穿李姓村落而出，下流固城湖，山田赖泉灌溉，恐其一泻不留，故自高迤下筑十五堰。李近山，则为堰者十三，何濒湖，则为堰者二，承泉下流，世世蓄水灌溉。”

对于金山泉的来历，一直流传着不同版本的传说，最令蒋山人津津乐道的还是有关新罗国王子金乔觉的故事。金乔觉就是后来在安徽大九华山成道的地藏王菩萨，他为超度两个殉情的妃子，在金山脚下边流泪边念经，七天七夜，泪流成泉。相传，古新罗国王子金乔觉24岁与丽姬、娇姬二位王子妃成亲当日，放弃继承王位的权利，落发出家，后为求法渡海来唐，最初驻锡高淳固城湖畔蒋山附近的九龙山。金乔觉在九龙山开坛设法讲经布道，之后新罗国王室打听到他在高淳九龙山的下落，从此不断派出王室使臣劝说王子放弃佛法，回国继承王位。于是，一拨又一拨的新罗说客把九龙山下宁国驿道旁的招贤驿馆都住满了，一时间，驿馆中来来去去尽是新罗人，好不热闹！

王子执意佛法，不肯回国，为避开国内劝客纠扰，就独自偷偷朝西北走去，一直走到当涂湖阳石臼湖边，在此盖了一座寺庙，据说就是现在的湖阳小九华。他在此住了大半年，又应邀赴净行寺参与法会。法会中有一沙弥，系他一花山徒弟，看到大师，心中大喜，双手合十：“阿弥陀佛，金大师让我们好找呀，招贤驿丞张公已找你半年多了！你俗家王子妃丽、娇二姬寻亲来了，现在金山脚下何姑庵中，望你速去相见！”金乔觉一听，心中又惊又喜，丽姬、娇姬二位王子妃千里迢迢赶来看望自己，很是感动。但是净行寺法会中正斋戒沐浴，三日内不能会见凡俗之人。他让花山僧徒转告丽姬、娇姬二位王子妃，请她们在金山何姑庵中歇息等候。三天后，金乔觉赶往九龙山金山脚下的何姑庵，终于见到了分别数年的丽、娇二姬。二王子妃一见王子，双双号啕大哭，说道：“我们本以为这辈子见不到你了！”然后，二姬将母后临终前的话一句一句说给他听……为了宽慰奄奄一息的母后，双女曾当娘面发誓：不管路途多艰难，即使赴汤蹈火，也要找到王子，“与王子成亲，让王子回国登位”。金乔觉听后既没有悲伤，也没有激动，只是静静地说女人家的苦处给她们听。他表示：今世、来世、百世、万世一直要苦苦修行，要用佛法解脱众生的痛苦，用孝心去孝敬亿万个母亲。

丽、娇二姬见金乔觉心中没有一点儿恋情的孔隙，只好在孤独的心上叹息。当晚，风儿在哭泣，月亮洒下满地悲凉的气氛，她俩悄悄走出庵外，心想：既然回国无望，成亲不能，我俩依靠的归宿就是王子所说的那极乐世界了。走着，走着，当面一池清水，双双跳了进去……

丽姬、娇姬死后，金乔觉顿觉惭愧、悔恨，他坐在金山西北面的半山腰，面朝新罗国方向，边流泪边念经，七天七夜，为殉情的两位王子妃进行超度。淌下的眼泪汇成了一股山泉，这就是有名的金山泉。后人为纪念金乔觉及丽、娇二姬，把九龙山旁的二座山头称之大金山、小金山，统称为金山。传说，丽姬、娇姬死后经金乔觉超度双双为神，丽姬成了地母娘娘，看护九龙山蒋山一方生灵；娇姬成了水母娘娘，看护着固城湖风平浪静，船行平安，至今蒋山固城湖畔还留有一座水母娘娘庙。

现实中的这口蒋山古泉，泉水从不干涸，世代造福一方百姓。

清道光二十九年（1849）高淳发大水，第二年又是大旱，高淳境内稻田大部分颗粒无收，而在蒋山金山泉泉水塘附近的稻田却获得了大丰收，为蒋山人留存了救命的口粮和来年的稻种。

新中国成立后，蒋山一带曾经发生过几次大的瘟疫，人畜排泄物污染了村庄附近所有的水源。当年这口古泉就成了蒋山村生产队唯一的生活饮用水来源，人们从山上挑泉水，加上金山中采集的中药烧开后给全村人饮用，既解渴又防疫。蒋山古泉曾经为蒋山人民的传染病防疫立下了功劳。

20世纪90年代至21世纪初，高淳县在第四、第五次全国人口普查中发现，蒋山村李家自然村长寿老人比例明显偏高。经调查走访得知，由于李家离古泉最近，村民长期习惯从金山上挑泉水饮用。这也许是李家长寿老人多的答案吧。另有村民说，用此泉水洗眼睛，可明目。

“绿水青山就是金山银山。”蒋山村的绿水青山与人文古迹就是蒋山人的金山银山，必将继续造福世世代代蒋山人。

地藏悟道

——地藏坐禅小金山

我国的唐代，经贞观之治，国力强盛，经济繁荣，不少国家委派遣唐使来我国，以示友好。临近各国更是臣服，纷纷选派学子来我大唐深造，一时京城长安各类外国留学生云集。鸡林（新罗）王子金乔觉也来唐主攻佛学。

在唐数年研学参悟，金乔觉深得不少佛学要旨，明白出家人需劳其筋骨、炼其恒心，方修得慈悲关爱、空灵佛心，以实现普度众生之宏愿。于是金乔觉就徒步炼志，四处化缘，广布教义。

一日，金乔觉来到高淳境的九龙山附近。他见山势奇异，九岭起伏，如群龙欲飞，山上祥云不移，似莲花朵朵，是难寻的风水宝地。这不正是自己长期苦苦寻觅的坐禅参佛之地么？于是，他上得山来，登高眺望，只见东面山下，山势怀抱有一上百亩的大潭，自有龙脉汲水之象。远方村落散布，绿树沿胥河两岸拥成翡翠玉带。南北山脉蜿蜒，互为呼应。西面则别有一番天地，固城湖碧波万顷，湖岸芦荡纵横，野鸭群飞。观之空阔无边，令人心旷神怡，如此远离凡尘纷扰之境，正是自己打坐修禅首选。金乔觉随即盘坐在一山头，闭目念经诵佛一番。良久，金乔觉满心欢喜，对周围景物如数家珍。“一、二、三……七、

远眺小金山

八……”咦，不是明明九龙山么，怎么数来只有八个山头？正在金乔觉纳闷之际，有一樵夫路过，金乔觉问其原委，樵夫笑着说：“您这师父真逗，您自己不坐着一个山头么？”金乔觉听后犹如醍醐灌顶，赶紧拜谢樵夫。

“真逗”，是啊，自己竟把坐着的山头漏数了。

“自己真逗？”是不是我贪图这一方宝地日后的香火旺盛？或是自己想早些坐禅而免了脚力涉水爬山之苦？还是自己贪念“九龙山”“九”之数大，有自满于功德已圆之嫌？莫不是我佛借樵夫之口点化自己，告诫不能太过满足和贪图现成？想着想着，金乔觉惊出一身冷汗，他看了看四周，若有所失，急匆匆下山离去了。

据说，数年后，金乔觉才在安徽青阳县境的九华山打坐，修成了救苦救难的地藏王菩萨。

关于地藏王菩萨与“九”“九十九”的故事，高淳有多个版本，如“百墩头”“千墩山”等，可见高淳百姓对地藏王的敬爱。

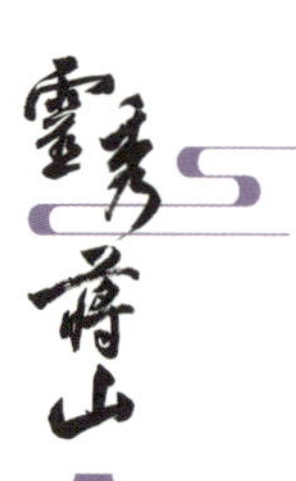

花山春恨

——《华山畿》传说溯源

在秀丽的花山脚下，流传着许多动听的民歌，其中有一首民歌听起来特别让人感伤，歌词这样写道：华山畿，华山畿！君既为侬死，独活为谁生？欢若见怜时，棺木为侬开。每当听到这首民歌，就让人不得不想起那个哀婉凄美的传说。

花山鸟瞰

据《诚斋杂记·华山畿》所记载，在南朝宋少帝（406—424）时期，高淳的固城是溧阳县治所在地。离固城不远处的花山脚下，有一条古驿道，向北通往金陵，向南通往宛陵，也就是现在的宣城。在花山脚下的驿道两旁，有不少酒店、旅舍，其中有一家叫花山旅舍，店主姓李，有一个独生女儿名叫春花。春花芳龄十八，尚未婚配，父母视为掌上明珠，每天在店里帮父母干活，接待客人。有一天，从古驿道上走来一位学子，这位学子姓徐，南漪湖徐家人士，正前往云阳姑妈家探亲。已近中午时分，徐公子肚中饥饿，就走进路边的花山旅舍，准备用过午餐再走。一进门，李店主的女儿春花就迎上前请他入座，并送上茶来。徐公子看到眼前这位如花似玉的女子，一下子愣住了，久久没有缓过神来。这时，春花也看了看徐公子，感其风流倜傥，气宇不凡，顿时产生一种莫名的冲动，连忙低下头。用过午餐，徐公子告别了店主，怏怏上路，但春花的形象一直在他脑海中浮现。他到了云阳姑妈家，无心逗留，第二天就动身回家。他又来到花山旅舍，想再看看春花小姐。可惜不凑巧，春花陪母亲到固城买菜去了。徐公子回到家之后，心神不定，茶饭不思。母亲见此情况，追问原因，徐公子就把想念春花的心事告诉了母亲。徐母一听，连忙请来一个媒婆，一起到花山旅舍找店主提亲，结果遭到李店主一口回绝。

由于求亲不成，徐公子一下子病倒了。他母亲四下求医问药，但也无济于事。不到两个月，徐公子就变得骨瘦如柴。徐母看在眼里，急在心里，就对儿子说：“孩子呀，天下美女多得很，你何必如此痴情呢？”徐公子说：“我和她是前世姻缘。如果不能如愿，唯有一死！”

徐母为了保全儿子的性命，又一次来到花山旅舍。但是，任凭徐母好说歹说，店主就是不答应这门亲事。春花得知徐公子为她思念成疾，心里非常难受，但父命难违，只能暗自流泪。徐母第二次求婚不成，拖着沉重的步子离开花山旅舍。刚一出门，春花从后面悄悄地追了上来，对徐母说：“伯母，请留步。”只见春花从身上解下一条围裙，递给徐母说："伯母，你把我这条围裙拿回家，悄悄地放在徐公子床上的席子下面，他就没事了，但千万别告诉他！"

徐母一回到家，就把春花的围裙悄悄地放到儿子的床席下面。说来也怪，徐公子马上精神好多了。不到半个月，身体就近乎康复了，嘴上也不提春花的事了，徐母感到十分欣慰，但心里也隐隐感到春花小姐绝不是一般的人。

谁知有一天，徐公子无意之中发现自己床头的席子下面有一条围裙，就一把抓起来，紧紧地抱在怀里。过了一会儿，他又把围裙放到口里，拼命地撕咬，并且往肚子里吞，结果整个围裙都被他吃下去了。家人见状急忙制止，可书生如得魔怔般倒床不起，两天后口吐白沫，不省人事，徐母抱着儿子号啕大哭。这时，徐公子忽然睁开眼睛，对母亲说："安葬我的时候请用牛车载着我，从花山旅舍经过……"说完就没有了气息。

徐母悲痛欲绝，想儿子生前没有遂愿，死后一定要让儿子了此心愿。按照儿子的遗愿，用两条大牯牛拉着柩车，沿着古驿道，缓缓地向花山方向走去。当柩车到达花山旅舍门口时，牛就不再前行，任凭车夫如何驱赶，两条牛就是岿然不动，当下引来很多路人观看，这时春花也出来了。当她得知棺木中躺的就是前段日子偶遇的徐公子后，对驱车的车夫说："请稍等一会儿。"就转身回屋，梳洗打扮。不一会儿，姑娘打扮一新出来了，并悲声唱道：华山畿，华山畿！君既为侬死，独活为谁生？欢若见怜时，棺木为侬开。（歌词的意思是：华山畿啊，华山畿，你既然已经为我而死，我独自活着又是为了谁呢？您如果真的爱怜我，请为我把棺木开启吧。）听得人肝胆俱裂，草木含悲。

歌声一停，棺木竟然真的应声而开，李春花见了，纵身跳入棺木，棺木随即又合上了。众人都看呆了，等春花的家人回过神来，用力敲打棺木，却再也没有办法打开。至此，两家只能将这对年轻人合葬在花山旁。人们便把他们合葬的墓地称为"神女冢"。

真是人生自古谁无情，情到深处天地恸。这段悲壮的爱情传奇，令历代文人吟诵不绝。后来就衍生了南朝著名的爱情民歌集——《华山畿》，现有乐府《吴声歌曲》25首，开头那首即为其中第一首。对于故事的原发地，也有不同的说法，有人认为是镇江的姚桥镇华山村；也有人认为是句容的宝华山；据胡适之先生在《白话文学史》中所记载：歌词中的华山或为今日的高淳花山，华者，花也。由于高淳地属吴头楚尾，固城古城历史悠久，吴风楚韵厚重，这首千古绝唱至今流传。

玉碎古庵

——深藏村野的宫怨

在风景秀美的花山西麓，有一处茂密的树林，林地足有数十亩之广，隆寝古庵就掩藏在茂林修竹之中。其实“隆寝古庵”并非她的原名，说起这个名字的来历，就让人不得不想起一段凄楚哀婉的历史传说。

这庵原名“西茅庵”，始建于明代永乐年间，历代香火鼎盛，每逢黄道吉日，附近的善男信女都会来此敬香祈福。

时间流逝，到了清乾隆年间，有一天，庵里来了两位风尘仆仆却又貌美如花的女子。这两名女子的形貌举止都与本地的乡野村姑大为不同，让人尤为惊讶的是，她俩来到这里后，并不仅仅是敬香祈福，而是就此放下行囊，请求庵里的师傅为她们削发剃度，且态度坚决。老尼被她们的诚心所感动，于是答应她们削发为尼，皈依佛门。从此，这西茅庵里，又多了两位年轻的尼姑，夜夜青灯古佛，静心修炼。

日子久了，庵里的人才慢慢知道，这两位女子果然不是普通人家出身，竟是当今皇上乾隆皇帝身边的妃子。她们曾经享受着紫禁城无上的荣华富贵，也感受了深宫禁地的人心险恶，虽得皇帝百般恩宠，却让后宫娘娘妒火中烧，欲除之而后快。幸得宫里一位好心太监相助，便简单收拾行囊，化成侍女，连夜逃出那高高的宫墙。她们一路向南，虽然沿途历经千辛万苦，却是从此再不愿回到那宫中是非之地。当她们来到这山清水秀的花山脚下，发现这处幽静的古庵，便决定在此安度余生。

可惜好景不长，这清风明月的日子没过多久，乾隆皇帝就第四次下江南了。据说，这次下江南，就是为寻这两位爱妃。世上没有不透风的墙，乾隆皇帝多方打听，得知两位妃子寄居在花山脚下的西茅庵，就微服私访，独自前来探望。两位妃子听到有人进庵查问的消息，就藏在庵堂帷帐内，听得来人说话声音分明是当今皇上，一想自己私自出逃，惊动龙驾，罪不当赦；再则重入宫墙，必将陷入无穷的后宫争斗。慌乱之中，双双吞金自尽。等乾隆入得后堂，已是佳人仙逝，乾隆伤心不已，脱口吟叹：无端风雨起宫墙，玉碎花山梦亦香……

当晚，乾隆皇帝在西茅庵留宿一晚，追思两位妃子。第二天一早，他又嘱咐老尼厚葬两位妃子，赐重金扩建庵堂，并亲笔题写“隆寝古庵”匾额，故此，西茅庵又名隆寝古庵。

据当地老百姓说，历史上的隆寝古庵后来在太平天国运动中遭毁

西茅庵鸟瞰

坏，尔后100多年来，屡毁屡建。1987年，此处建起了花山农民公园。2011年以来，当地村民又自发修建了西茅庵，近年来又进行复建，易名为花山公园。

那块据说是乾隆皇帝御笔的匾额，新中国成立后在兴办学校时，被村民用作了教学用的黑板。乾隆皇帝若泉下有知，想自己御笔亲赐的牌匾竟然也有此用场，也算是物尽所用了。

如今，数百年过去了，天子不再，佳人也早已难觅芳踪，唯有园内两株已有380年高龄的紫薇树，年年郁郁葱葱，花谢花开！微风吹过，树叶沙沙作响，似乎在向游人低声倾诉当年那段凄婉哀怨的往事。真是“隆寝古庵花玉碎，皇家爱情今传扬”。

借牛还马

——投我以木桃，报之以琼瑶

清末，湖北一带发大水，大水冲向龙王庙，淹没农田、村庄。许多逃生的村民顺着水路一路向东南，来到高淳花山地区，他们开荒种田，男耕女织，从此过着安定的生活，繁衍至今，人们以姓氏划分村落，有了汪家垄、马家垄、明家。

何家和李家是花山地区较早的村落，和外来人家比，日子过得稍富裕些。其中以何老二家最为殷实富有，拥有良田几十亩，水牛六七头。每到农忙时节，附近几个村庄向何老二借牛的人家络绎不绝。何老二平常也乐善好施，村中谁家有个困难，二话不说，能帮则帮。这借牛的画上字据，写上归还日期，就可以把牛牵回家了。

一到开春，村民们忙着犁田翻土、锄地除草。这天下午，马家垄的马大心急如焚地赶到何家村，他要在天黑前把牛借回家，准备播种水稻。马大在村东搭了一间草房，家徒四壁，一家五口人日子过得苦，守着四亩多地，勉强能填饱肚子。

马大走进何老二家，正见有人牵着牛出来。何老二带马大走到牛圈前，马大一瞅只有一头牛，看起来还是头小牛，正在一声不吭地慢慢吃着草。它察觉到有人靠近，抬起头来。虽然个头不大，但身架结实，大眼水汪汪地瞅着马大。马大暗恼自己来晚了。何老二在一旁说："这牛刚上戒，虽是小牛，身架好，好好驯上两天，很快就是一把耕地好手。这样吧，原本要三个工价，就出一个工价吧。"马大一听喜出望外，押上字据，按上手印，就牵着小牛走了。

马大一路哼着小曲儿把牛牵回家，天已黑。翠花点起了油灯，做好了两样小菜，备着酒等他。马大前两天就弄好临时牛棚，今又填了些青草，把牛拴好早早歇息了。

一早鸡还没叫，马大就睡不着了，披衣下床，来到牛圈，为牛添了些草。马大摸摸牛头，轻声说："多吃点，吃完我们干活去！"小牛似乎听懂了，低下头慢慢嚼起来。天刚一亮，马大扛着犁，牵着牛去地里，犁套在牛身上，马大在后面扶着犁，抡起鞭子一声吆喝，小牛惊得往前跑起来。一天下来，小牛没少挨鞭子，马大浑身湿透，累得全身散了架。接下来两天，小牛懂事多了，犁一套，往前不紧不慢走着。翻土、耙田，毫不含糊，活儿越来越熟络，一点儿也不偷懒。马大愈发欢喜。这头小牛不仅勤快肯干，还吃得不多。有时它耕得气喘吁吁时，想歇会儿，马大也舍不得抡鞭打它。

一连干了三天，到了第四天，马大拉着小牛来到屋后山坡下，他打算在这里再开垦两亩地，多种些粮食。这片傍山的地土硬、沙石多，犁起来费劲多了。这一天小牛无精打采，任马大挥鞭吆喝，也不愿意多动。马大气坏了，前两日还好好的，这牛是咋又不听话了？喊来翠花帮忙，翠花上前使命拉着绳子往前拽。两人连拉带拽，这才把新地

借牛还马

开垦完了。

就在这天夜里，电闪雷鸣，大雨倾盆而下。马大家的草房也淅淅沥沥下起了小雨，马大和翠花把锅碗瓢盆全部拿出来在屋中接雨。一直忙到三更，雨停了，马大一家才安稳睡去。马大迷迷糊糊睡到五更天时，突然一骨碌爬了起来，一句话也不说，飞快地披了件薄衣，趿着草鞋奔向牛棚。天已微亮，地上水淋淋的，小牛浑身湿透，躺着一动不动。马大朝着里屋焦急地喊起来："翠花！快拿灯来！"翠花拿灯过来一照，小牛口吐白沫，眼睛微闭。马大赶忙把村里的兽医喊来，兽医摸摸小牛的肚子，再翻翻草料，便说是吃了蜗牛腹胀而死。夫妻俩不禁抱头恸哭起来。

马大把小牛安葬在离家不远的山后，红着一双眼回家。这一天他茶饭不思，坐在屋里半天连句话也没有。马大想到还牛的五日期限已经到了，环顾家中还能拿什么还呢？突然掩面大哭起来。这把翠花吓坏了，也跟着哭起来。家里三个孩子尚小，不知爹妈何事，只跟着哭喊，翠花又急忙哄着孩子，屋里闹成一团。

正在此时，一位青年向门内张望，怯生生地问："在下打听个人家。请问马大家住在哪里？"马大赶忙拭干脸，抬头乍一看，这位青年生得一表人才，器宇轩昂。马大疑惑地问："你是哪里人？叫什么？""我是湖北人……"四目一对，两人都惊叫起来。

原来这是马大的侄儿马骏，中了进士，正等待朝廷分配。闲来无事一路下江南，沿路打听多年未见的叔叔。进屋寒暄过后，马骏见叔叔愁眉苦脸，双眼通红，不免关心起来。马大就把借牛耕田的事一一吐露。马骏沉吟片刻，对马大说："我这次骑着一匹骏马过来，就系在外面的槐树下。"马大随着马骏走出屋外，西面的大槐树下果然有一匹高头大马，全身雪白，不同凡响。这马双眼炯炯有神，警觉地看着马大，果真是一匹骏马啊！

"叔叔若不嫌弃，就把这匹马还给人家吧！"

“如此宝马，使不得，使不得！你还要骑着它回家呢！”马大连连摇头。

“叔叔莫要多说，古就有‘投我以木桃，报之以琼瑶’的做法，明儿我们一道就把马还给人家，回去的事我自有办法。”

第二天，叔侄俩把马牵到何老二家，引来众人围观。这头马高大威猛，众人啧啧称赞。何老二看到甚是欢喜，欣然应允以马还牛。“借牛还马”的故事由此传遍百十里，成为花山百姓的美谈，流传至今。

老牛护主

——忠义可歌的动物故事

农耕时代的高淳花山地区，有傍湖从渔的，有倚山打柴的，也有在山边开垦些荒地栽上果树养家的，但多数人家是守着祖上传下的几亩水田，男耕女织讨着生活。花山何家东依花山，西临固城湖滩，牛吃草有放牧场，因此，村中出了好几家养牛户。

话说村里有户家境较为殷实的，养着一头老公牛，这头水牛身架大，已过壮年，少了些好斗和倔强，多了些温顺与责任。这牛出起工来毫不含糊，翻土、耙田，活儿熟套，从不偷懒，使唤者很少扬鞭和吆喝，全家视这头有些灵性的牛为“当家牛”。按照当地习惯，当家牛贡献大，一般是不杀、不赶场买卖的，大都是等牛自然老死，吃些

老牛护主

肉。可是，这户人家的当家牛死了，家里不但没有吃牛的肉，还厚葬了它。这里面却有个故事。

花山地区夏季很忙，牛白天出满工，只得晚上吃草，当地就有“看夜牛”的习惯。这天，老牛的主人赶牛帮邻村耕田，归来已是天黑。一上村，这家七八岁的少主就从牛头翻上牛背，到村外看牛吃夜草去了。别人家的牛，有主人结帮夜里赶着上山吃草的，也有搭伙去守湖滩的。这头老公牛很特别，乐意在村子附近的田埂地旁嚼些草根，半夜吃饱后会自己走回村上的牛棚。

约莫二更，村子寂静，野外月黑星稀，牛吃着夜草，少主也趴在牛背上睡着了。蓦然，牛抬起头，停住了吃草，原来它看见前面有两点绿光。经验告诉它，那是一条夜游的饿狼，正觊觎自己背上熟睡的小主人呢。

牛仄起耳朵，机警地守备着。狼也在前方踟蹰，想着对策。不一会，狼的第一波进攻开始了。狼扭头一个猛扑，向牛背袭来，牛灵巧地移开身子以角用力一抵，狼慌忙避开。随即狼兜到牛的身后，牛迅速掉头相向。一波下来，狼徒劳地坐在地上，吐着舌头；牛也喘着粗气，但不敢马虎，严阵以待。

这回，狼耍了个阴招，一个虚势，继而反向扑向牛背，老牛回防过急，背上熟睡的小主人滑了下来。狼欲得手，牛就势一移身子，将小主人护在肚膛下。

深度睡熟的小孩在牛身子下依然鼾声如初，老牛的四条腿犹如四根柱子护着主人。

狼转了几圈，牛只是警惕地移动腿跟着狼转小圈。狼见难以得逞，就疯狂地迎面扑向老牛，以逼老牛正面迎战而挪位。哪知老牛拿定心思，低头一扬角。狼哪里敢碰尖尖的牛角？只得顺势爬高，踩着牛背滚落一边……

狼饥肠辘辘，满眼凶光；牛护主沉稳，气喘吁吁……

就这样三更天过去了，奸诈饥饿的狼望着牛肚子下熟睡的小孩，口水从长长的舌头上滴下来……牛也累得浑身冒汗，口露白沫。

忽然，饿狼一改策略，消失在牛的视线里。牛并不懈怠，静静站着，以逸待劳，小心地护着少主。突然，狼从牛屁股后面窜出，一个饿虎扑食，直奔小孩而来，牛迅即移身转体，双角回防，狼躲闪不及，一头撞在牛角上。狼虽有“铜头铁腿豆腐腰”之说，但与坚硬的牛角相比，狼的头还是嫩了点，重重的撞击之后，狼不得不在一边哀号了好一阵子。

快近五更，还没得手的狼更加疯狂，围着老牛上蹿下跳。老牛口涎白沫，左抵右挡，拼死相护。

一会儿，村子有了动静，起早的人陆续下地，也传来小孩家人的找寻声。

狼见没了机会，只得悻悻退去。牛见小主人安全了，就用尽全身气力把腿挪开，刚移开身子，牛就眼冒金星，“嘭”的一声倒在地上……

小孩的家人找到时，见杂乱的牛蹄印围成的圈里，小孩安然熟睡，牛则口吐白沫，流着尿倒在一边，马上明白了一切，就抱起小孩跪向死去的当家牛恸哭起来。后来，主人厚葬了老牛，而老牛护主的故事也传开了，并且经过村民的口耳相传，细节也丰富了起来……

年成老树

——神奇的丰歉预测神树

在花山脚下，有一座古庵，人称西茅庵，相传始建于明代永乐年间，距今已有六百多年的历史。朝代更迭，数百年来的战火纷飞，西茅庵早已旧貌换新颜，不复当年模样，只有园中大片的茂林修竹，依然郁郁葱葱，一如当年香火鼎盛时的茂盛兴旺。在这片密林之中，有一种奇异的树木，每年春天，都会吸引着周边方圆数十里的老百姓前来膜拜祈祷，此树便是西茅庵园中特有的“年成树”。

年成树

在西茅庵的西南角，几棵年成树安静地和园内其他树木生长在一起。初看年成树与常树似乎没有什么不同，古人说，年年岁岁花相似，但是，细看这树，就会发现特别之处：每年开花后结出的果实竟然不尽相同。有的年份，果实状如稻谷，有的年份状如小鱼，有的年份则是稗子样。据村民说，早年，当地人就是根据年成树开花结果的形状，预知第二年的年成好坏：果如稻谷之年必为丰收之年；果形似小鱼的年份则预示明年将有水灾；结稗子状果实的年份就是歉收年。于是，这树便有了“年成树”之称，也有人称之“五谷树”。难怪当地以耕种为生的老百姓们每年都要早早在树上挂红布祈祷了，他们要祈求年成树结出预示丰收之果实。

年成树果实

关于这年成树的来历，也是历史悠久。据明代周晖《金陵琐事》一书记载：“年成树不但结子如五谷，亦有似鱼蟹之形者，乃三宝太监（郑和）下西洋取来此物。”同时代的顾起元在《客座赘语》中也有记载：“大内西华门里有五谷树……云自海外移至。报恩寺另有一株。”又据报刊记载：明代郑和带回了两棵“年成树”，都栽在南京。后来不知何故，一棵移至苏北的建湖县，另一棵就移到了高淳。

关于高淳的这棵年成树，还有这样一个传说：明代永乐年间，高淳漆桥有一位姓孔官员，在朝廷负责御膳房的工作。明成祖迁都北方后，孔官员便告老还乡，顺便带来了这棵“年成树”。但是这树移到漆桥老宅后，却逐渐枯萎。一天，正好西茅庵的老尼云游到漆桥，看到这种情况，便对孔员外说：“此地土质欠佳，机缘难现，还是换个地方吧。”并说离漆桥不远的花山地区东靠山西临湖，气候湿润，是灵气聚集之地，应该能安顿此树。于是，年成树便移植到了现在的西茅庵。

年成树移到西茅庵后，果然如老尼所说，很快抽出新芽，长出新枝，展现出无限生机。此后，年年开花结果。后来在这棵年成树的旁边还生出两棵小年成树，三树相依，状如母子。这也正说明了花山脚下这片沃土，确实是人杰地灵，适合各种植物生长的，即使是年成树这样神奇的树木，也会且认他乡作故乡。

如果游客来到了依山傍湖、风景秀丽的蒋山村，值得去一下西茅庵，也就是现在的花山公园。去后一定不要忘记去密林中一睹年成树的风采，相信这棵奇树会给驻足者一份惊喜。

三百灶巷

——花山何家鼎盛时期的缩影

美丽的蒋山地处秀山、花山、九龙山、金山的绵延陇脉之中。早年，蒋山属花山地区，东有汉唐驿道穿境，西傍波光粼粼的固城湖，山美水更美。陆路直达宣、郎、广；水路入得固城湖就四通八达，上可入长江达芜湖、南京，下可经太湖到无锡、苏州。山水兼得的地域优势孕育了数个较为富庶的村庄，其中以花山何家最为兴盛。当地有段俚语歌：

金花山，花山金，
小小何家苏州城，
三百巷里跑龙灯。
何家港，帆船阵，
胥河滔滔中江通，
一蓬打到姑苏城。

由于水路串联贯通，也给湖匪活动带来便利，时常有湖匪骚扰沿湖村庄。蒋山何家旧时是个户籍集中、村民殷实的大村子，鼎盛时有上千户村民集居，光村中一条巷就居三百多户，人称“三百烟灶巷”。

何谓“三百烟灶”？即这一条巷中有三百多户，有三百余灶头，做饭时三百余烟囱均冒烟，故名三百烟灶巷。

巷中住着一富户，生有一公子，名叫何诸广。公子从小聪明，读书过目不忘，小小年纪就中秀才。这一年乡试，县学教授夸道：“此榜何诸广必中！”族中先生们闻讯，好不喜欢，提早将旗杆石及旗杆做好，待放榜后即为何诸广将旗杆在祠堂门前竖起来。

何诸广考试入场后，三篇文章确实做得十分精彩。谁知考场时间到，收场号令响起时，何公子无故一个喷嚏，笔上墨汁滴落于卷上，慌得他打翻砚台，结果试卷全污了。真是“只有读书命，没有考场运”。何公子落榜，垂头丧气回到家中。谁知，人逢倒霉时，吃水也塞牙缝，放屁也会打碎脚后跟。公子离家赶考时，家中遭湖匪抢劫，好几十户人家钱财一空，还伤了好几个人。何公子一生气，说：“这股土匪，一定要治一治！”他动员村民将村庄用竹篱笆墙围住，只留三百巷进出，巷两头安装闸板。家家在楼上准备砖头、石灰等可掷之物。一切安排停当，一日，湖匪真的又来了。只见二十多个湖匪从巷口进入，何公子趴在屋上，见匪徒全部进了巷，公子一阵锣号，两头闸门放下，村民们在房上、楼窗口将砖头、石灰等物齐向湖匪砸下，有的还用带刺的长竹篙向下对着湖匪猛戳，结果二十多个湖匪哭爹喊娘，全部乖乖被捉。

三百烟灶巷

从此以后，湖匪再也不敢来何家村行恶，而蒋山何家村的“三百烟灶巷”也因此闻名江湖！

诗咏蒋山

言有尽而意无穷，诗歌只寥寥数句，却奇瑰地展现出蒋山的美丽。我们也有足够的期待，蒋山会以更丰富的形式，将美继续下去。那是我们的家乡！

只怜无影浸康庐

——《晓过固城湖》

南宋文学家岳珂和固城湖有一段情缘。

岳珂，岳飞的孙子，他曾经途径高淳，留下一组描写高淳风光的诗歌，《晓过固城湖》是其一。诗写得不花哨，朴实、自然、亲切，用得上“清水出芙蓉”的赞美。于湖而言，流传下来的诗亦不算少，“固城烟雨”是代表，是向往，是如痴如画的美妙。诗人是想另辟蹊径，还是迫于事务，要这般“晓过”，并不能妄自揣度，只读此诗，亦别有风味。

诗没有花大笔墨来写固城湖的晨景，这倒有别长流。前两联轻描

固城湖景

淡写，一笔带过，却似“吴带当风”的意趣，反而有了让人击节称赞的可能。“快度”与“轻帆”，呼应得妥帖圆融，似乎要一日千里，没想到，纵然顺风顺水，船却还在固城湖里。欲走还留，此刻倒也不能着急，不如看看山，看看水，想想事。“我见青山多妩媚，料青山见我应如是”，这种调侃式的闲情逸致，诗人未必有。立在船头，湖风吹来，混着水草的味道。向东，千里之外是金陵；向南，万舻之趋是东坝，那是个古镇。诗人也有几首写东坝的诗，如《东坝以里沿岸人家皆对门植苇于小屿不晓其旨漫成四绝》《久不雨里河舟不可行戚桥平氏小舫在东壩予介绍假之行》。是巧合，是暗合，已不重要，而据此，大抵可知其对东坝之情也深。

而诗的变化在颈联，好像做了一次深呼吸，要我们把固城湖看得更清楚更美，这里就写得细致入微，引人入胜。从“千嶂”“万舻”到“歌声随地”，一波折，一跌宕，看似夸张，却是实情，并不突兀。高淳属吴楚方言，吴侬软语的调调，难怪辛稼轩也说“醉里吴音相媚好”，非虚言也。那么歌声来自何处？颇叫人联想：是经过的万舻，是撒网的渔夫，还是两岸的人家……船却在继续前行，不知不觉，“看山恰似走来迎，仔细看山山不动”，诗人担心起来：沮泽经春畏稗蒲。春来水暖，水草丛生，浅浅的固城湖怕不要被水草长满！一个水草丰美的固城湖在这担心里展现在面前。

诗人在其尾联用到“寻钓艇”的事，可以引陆游的一句诗来参考：“千古事终输钓艇。”他有没有这个意思，捕风捉影就陷入牵强附会。老实说，在诗人的眼中，与其着意虚无缥缈的幻想，不如实实在在，在眼前——固城湖啊，清澈，明净，倒影里是庐山的意境。这一切，从“晓”到“日未晡”，一过而已。

固城湖可以这么美！“情人眼里出西施”，爱在这里，美就在这里。岳珂的《晓过固城湖》，正有此意。

晓过固城湖

南宋 岳珂[①]

放船快度固城湖，十幅轻帆日未晡。
东望金陵千嶂远，南浮银坝[②]万舻趋。
歌声随地参吴楚，沮泽经春畏稗蒲。
却认棠矶寻钓艇，只怜无影浸康庐[③]。

【注释】

① 岳珂（1183—1243）：南宋文学家。字肃之，号亦斋，晚号倦翁。相州汤阴（今属河南）人。寓居嘉兴（今属浙江）。岳飞之孙，岳霖之子。著有《金佗粹编》，为岳飞辩冤，是研究岳飞的重要资料。又著《桯史》等。

② 银坝：东坝。

③ 康庐：宋时庐山的别称。

两三钓叟白鸥间

——《固城湖边即事》

固城湖的风光让我们流连忘返。“固城烟雨”向来为高淳胜景，吸引了历代文人墨客为之颂咏，唐代新罗国（今韩国）著名学者诗人崔致远曾专程到此游览，下榻在湖畔的招贤驿馆，而唐朝大诗人李白也曾泛舟于湖上，留下诗篇。固城湖还是世界上第一条人工运河——胥河的重要组成部分。据传，春秋战国时期，吴楚相争，为了运粮运兵的需要，吴国大将军伍子胥开挖了这条运河，从高淳开始，经过溧阳、宜兴、无锡到苏州，最后注入太湖。

偏安一隅的南宋朝廷，确也让江南有了一种新局面。而高淳的固城湖沉寂许久，终于又渐渐出现在文学作品中。被唤作“小南湖”的固城湖，没有因几首诗而闻名遐迩，大红大紫，历经风霜，固城湖还是那么不疾不徐地淌着，淌着，日复一日，年复一年。

从某种层面来说，固城湖似乎就应该是这样的。鱼米之乡，不会那么富贵逼人，固城湖像个弱女子，小鸟依人，楚楚可怜。苏子瞻要把西湖比西子，在乎浓妆淡抹，固城湖便能得其淡抹之韵。正如我们读李曾伯的《固城湖边即事》。

李曾伯是南宋人，宋人长于词，《四库总目提要》称其“诗词才气纵横，颇不入格”。他力主张抗金，收复失地，想着“王师北定中原日”。很可惜，历史就是这样，“还我河山”——终究沦陷在铁蹄兵戈之下。理想的丰满，现实的无奈，成为南宋诗词很重要的线索，每当读到这样的诗，总会有点波澜。

言归正传，来看这首《固城湖边即事》。起首两句，可得一“闲”字。有闲情，作闲人，却只有一段，无论是一段路，还是一段时间，总算忙里偷闲了。而固城湖边，孤舟横岸，这画面是否有点似曾相识？——对了，“野渡无人舟自横”，这“野色天成”，自然而然。

次联紧接写闲情逸致，如墨一般晕染开来。平静的农家生活，田园的风味，跃然纸上，且看十几个牧儿，牛侧嬉戏，而两三钓叟，在碧波白鸥间垂纶，一丰富就有了桃花源的味道，“黄发垂髫，并怡然自乐”。又像国画里的点景人物，不在多，稍加用意，整个意境就活了。这一联既工整，又极具张力，实在可以再三吟哦。

固城湖晚景

身边的景致，如此触手可及，诗人大概要暂缓心事，“一段闲”还要放眼看去。颈联就展现了远处的风情：那烟树丛丛里，是谁家市，人来人往，熙熙攘攘。而另一头，则有云峦浅浅，山那头会有什么？

可诗人没有去“谁家市”，也没有闹明白“甚处山”，从尾联的“归路”可以寻得一点讯息。这就和首联呼应起来，诗人于湖边一览，的确只是个短暂的逗留。归心似箭的他，自然希望

“风定”“浪平”“路稳”，这点心愿，甚至比“梦魂萧关”更迫切。淡淡的哀愁，挥之不去，又与“一段闲”形成鲜明的对比。联系诗人的生平，他原籍覃怀，在河南沁阳一带，南渡后寓居嘉兴。都说“美不美，故乡水；亲不亲，故乡人”。一个南渡的文人，一个客路的行者，在这异地他乡，睹物思人，难免会有“物是人非事事休”的感喟。

固城湖边即事

南宋 李曾伯[①]

孤舟横岸水潺湲[②]，野色天成一段闲。
十数牧儿黄犊侧，两三钓叟白鸥间。
丛丛烟树谁家市，浅浅云峦甚处山。
风定浪平归路稳，更无魂梦到萧关[③]。

【注释】

① 李曾伯（1198—1268）：南宋词人。字长孺，号可斋。原籍覃怀（今河南沁阳附近）。南渡后寓居嘉兴（今属浙江）。宝祐中进士，主张抗金，留心军事，称南渡后名臣，《宋史》有传。有《可斋杂稿》。《四库总目提要》称其“诗词才气纵横，颇不入格。要亦戛戛异人，不屑拾慧牙后”。

② 潺湲：水慢慢流动的样子。

③ 萧关，为古代西北边地著名关隘。秦汉帝王出巡，汉唐文人出塞，都与萧关有缘。

满目琼瑶坠自天

——《游花山观白牡丹》

花山的白牡丹是个传说，街头巷尾，男女老幼，只要是高淳人大抵都知道的。有个流传较广的故事：

古时候，在固城湖东岸住着一户姓鲁的人家。一次，鲁家的儿子鲁水根上山斫柴，不幸被毒蛇咬伤，当场昏死过去。恰好八仙中的铁拐李驾云路经这里，当即落下云头，从他的药葫芦里取出药丸救水根。谁知连服三四粒药丸都不见效。这时有一只大黑蜘蛛从树上吊下来，恰好落在水根的脚上。水根的脚被蜘蛛舔过后，中毒受伤肿得像亮纸灯笼一般的一条腿立刻消肿，水根也苏醒得救了。铁拐李在一旁看到了此事的全过程，他越想越惭愧，越想越气恼：我还不如一只蜘蛛？就把自己的药葫芦在石头上猛砸，里面的药丸也飞溅出来，弹进了附近石头的缝罅，挖都挖不出来。铁拐李无奈，边说“洞中炼丹千年，石上开花一时”，便升天而去。

多年以后，在这些石缝中长出了几棵牡丹，树干粗壮有力，花儿喷香诱人，花瓣又白又亮，如白玉雕出来的一般。当地人都叫它为“白牡丹”，并说这是铁拐李掉在石缝中的“仙丹”所变。更蹊跷的是，白牡丹不盯在一个地方长，今年出在东山顶，明年说不定又长到北山坳，真有点“仙气”。“白牡丹”从此名声远扬，成为“高淳四宝”之一。长出白牡丹的山，也跟着花出了名，大家称其为“花山”。

花山白牡丹

但凡历史悠久的民族，讲起故事都游刃有余。人们津津乐道于这样的创作，想必做过知县的陈九龄也不例外。

陈九龄是明代嘉靖年间的知县，也是进士陈调鼎的爷爷，家底殷实，又是书香世家，陈家欲帮老爷子出本书，但书能否流传下去，便不得而知，于是就把宝押在邢昉身上。邢昉是高淳的骄傲，在高淳籍屈指可数的名人里，他被王士禛推为“韦、柳门庭人”及“布衣诗人第一”，其诗集《石臼集》名扬天下。陈家便在出《石臼集》的时候，夹入了一首陈九龄的诗。

于是现在我们就看到这首《游花山观白牡丹》。

诗歌起句是写白牡丹的香味和姿态，语出《诗经·小雅·宾之初筵》：舍其坐迁，屡舞仙仙。花香花姿，沁人心脾。次句用“满目琼瑶”来写花色，亦无可厚非，惜“坠”字不能尽其妙。这就好比《世说新语》里的“咏雪”，“撒盐空中差可拟”与“未若柳絮因风起”，一拙一巧，意境就不同了。次句则用“灵种”之事对“淡妆不改”，花之品性呼之欲出。宋人叶茵有《白牡丹》句：“素质不为颜色污，看来清得似梅花。”这番景象，倒容易生出“年年岁岁花相似，岁岁年年人不同”的感慨。第三句用《宋玉对楚王问》的典故：“是其曲弥高，其和弥寡。”一个“人爱繁华”，直抒胸臆，掷地有声，道尽了人情冷暖，人世沧桑。“幽远”自怜的白牡丹，其“淡妆不改”自然难得引人侧目，鲜有游赏。以花喻人，诗人可曾联想起自己仕途的坎坷？对花怜惜之时，却又能生出自得之意。于是第四句有了“独有渔樵”，“独”是古典诗词中常见的字眼，“独上高楼”“独怜幽草”“独自哀”——很显然，诗人并非渔樵之辈，他经历宦海沉浮，却甘心过“花间扫石”的日子，这简直有了“出淤泥而不染”的境界。当然，和渔樵又不同，他们闲谈的内容又是“羲乾”——那个遥远上古伏羲氏的生活。全诗似乎要做到字字有来历，句句有出处，然而弄不好就有点鼓努为力，反害其意。

这首诗见于康熙版《石臼集》，一直被人误为邢昉作品，其实诗下有小注：孙思孝、陈九龄借刻。原来这《游花山观白牡丹》有两首，另外一首的作者是高淳另一个文人孙思孝。这的确是个有趣的现象，笔墨官司，耐人寻味。白牡丹不在，斯人已去，古今多少事，真个要付笑谈中了。

游花山观白牡丹[①]

陈九龄

花香风动舞仙仙，满目琼瑶坠自天。
灵种常沾新雨露，淡妆不改旧时年。
地当幽远谁游赏？人爱繁华寡和篇[②]。
独有渔樵解相狎，花间扫石话羲乾[③]。

【注释】

①康熙版《石臼集》诗下注：孙思孝、陈九龄借刻。

②人爱繁华寡和篇：人们只知道爱繁华，趁热闹，对名贵的牡丹却不知道欣赏。寡和篇，语出《宋玉对楚王问》，比喻知音难得。

③话羲乾：闲话上古伏羲时的社会生活。羲，指伏羲，中国传说中的古帝王。乾，君。

游花山观白牡丹

孙思孝

本是灵根姑射仙[④]，春风自适洞中天。
琼枝玉蕊原无色，魏紫姚黄[⑤]去几年。
富贵莫愁输白眼[⑥]，清奇应可入瑶篇。
欲知太素[⑦]从来诀，一画生生一画乾[⑧]。

【注释】

④灵根姑射仙：《庄子·逍遥游》记：“藐姑射之山，有神人居焉，肌肤若冰雪，绰约若处子。”此句将牡丹花比喻为仙子。

⑤魏紫姚黄：指两种名贵的牡丹。宋欧阳修《洛阳牡丹记·花释名》载：“姚黄”为宋姚姓人家培育的千叶黄花；“魏紫”为五代的魏仁溥家培育的千叶肉红花。

⑥白眼：用白眼看，有瞧不起的意思。

⑦太素：《乾坤凿度》载：“太素者，质之始也。”古代指构造宇宙的物质。这里指天地宇宙。

⑧一画生生一画乾：画，分划界限。生生，指万物孳生不绝。乾，像天，像君。这句是说一个界限是万物众生，一个界限是君王。结合上句，意思是说从来天地的规律，早就分出众生与君王。诗中“生生”指其他花草，“乾”指花王牡丹。

故乡如此遇，延伫即为家

——《游蒋山》

近年，蒋山生态文化的建设卓有成效，今非昔比。这个曾经相对闭塞的地方，有了让人拍案叫绝的回应。以至我们读《游蒋山》，居然有种浪漫的感受。

这是一首长诗，记载于何氏的家谱中，作者是清康熙年间高淳薛城的岁贡生邢孟麟。按光绪《高淳县志》载：邢孟麟，字玉书，清高淳人，邢有章子。承家学，博通经史及诸子百家，诗文瑰丽。海内名流多礼聘之。雍正元年（1723）岁贡生，授英山训导。

从诗歌的小序可知，他是应邀一游。受海内名流礼聘的邢孟麟自有其过人之处，通览全诗，确实名副其实。这二十二韵读来，真是酣畅淋漓。

起首便是大手笔，“一棹重湖外，三秋曲水涯”，这一笔荡开，气势生焉。在诗人眼里，固城湖的气象，直叫人想起洞庭湖。而这样优美的胜境，皆源自“多君裁”，此处的“多君”可以理解为“感君”。感激他们叔侄的邀请，感谢蒋山人民别出心裁独具匠心的经营，诗人得以领略“幽遐”。着一“幽”字，则蒋山风情的韵味呼之欲出。这两句看似蜻蜓点水，却饱含真情，满含热爱。

循着他们的足迹，就可以看到一片葱茏的景象，自古“王孙草”有牵人离愁之谓，此刻又有“团团桂树花”，还来不及惆怅，清露就湿了，恰如珠子一般，不禁想到陶靖节《归园田居》当中有句“夕露沾我衣”，朝夕的遥相呼应，大概皆要“愿无违”。然而不用多走几步，就能看到一方小小的野塘，平静似镜，如“半亩方塘一鉴开”的模样，怎不叫人心生欢喜?

以上两韵是以清新的笔调勾勒，近于白描，接下来就会有变化，那是浓墨重彩的渲染。倘若“惊鸿雁”是个引子，是个过渡，那么“迹麋麔”“探虎穴”“引鸾车”，便是奇幻浪漫的开端。这种虚实相生的手法，在后面还有多处运用，皆极自然，毫不突兀。我们对于诗歌的领会，不能生搬硬套。诚然，蒋山的山是不高，并不能“插天如搢笏”；蒋山的壑也不深，远不能“架壑似浮查”，我们不可见“骇龙蛇”，不可睹“神蛟新徙窟”，也不能闻“战鬼尘沙”……然而诗人移步换景之间，心情起伏变化，真可谓“徘徊情已溢，踊跃志犹奢”。在虚虚实实的变化中，眼前有景，远近高低各不同。生活便有了艺术，有了愉快，

远眺蒋山

而身临其境，如梦如幻，这实在是难得，人生贵适意，果然。

不知不觉，已是暮霭沉沉。此时的蒋山又是哪般光景？紫霞被崛嵂所破，断云出没，远岸回斜，月亮将升未升，金鸦忽然西坠，远近之间，“窅然迷去就”，何其的流连忘返！难怪诗人要自豪，纵使王摩诘和谢灵运再生，也未必能写尽诗人的故乡。这里，“延伫即为家”，还有什么地方，能胜过家的味道？

言有尽而意无穷，诗只二十二韵，却奇瑰地展现出蒋山的美丽。我们也有足够的期待，蒋山会以更丰富的形式，将美延续。那是我们的家乡。

游蒋山

清　邢孟麟

一棹重湖外，三秋曲水涯。
多君裁胜地，携我历幽遐。
郁郁王孙草，团团桂树花。
如珠清露湿，似槛野塘洼。
呖呖惊鸿雁，狉狉[1]迹麇麚[2]。
奇情探虎窟，先路引骛车。
既历贞魂墓[3]，随窥冽涧洼。
漱流[4]甘鼠鼹，息荫骇龙蛇。
大石巉崖立，重岩崔巍加。
插天如搢笏，架壑似浮查[5]。
的的垂珠宝，毵毵[6]长白花。
徘徊情已溢，踊跃志犹奢。
崛嵂[7]逾青嶂，盘迴破紫霞。
断云看出没，远岸指回斜。
直视千峰矗，停眸四野赊。

神蛟新徙窟，战鬼旧沉沙。
触目心为慄，沿途意转夸。
东升迟玉兔⑧，西坠忽金鸦。
顾影乔林散，言归暮霭遮。
窅然⑨迷去就，逌尔⑩动咨嗟。
选胜王摩诘⑪，穷幽谢永嘉⑫。
故乡如此遇，延伫即为家。

【注释】

①狉狉（pī pī）：形容兽群走动。

②麇麚（jūn jiā）：泛指鹿类动物。

③贞魂墓：指双女坟。

④漱流：蒋山以及周边山峦时见飞瀑溪流，今尚有“金山泉”等。

⑤浮查（fú zhā）：漂浮海上的木筏。

⑥毵毵（sān sān）：垂拂纷披的样子。

⑦崛嵂（jué lǜ）：高峻的样子。

⑧玉兔：月亮。以下“金鸦”指太阳。

⑨窅然（yǎo rán）：怅然的样子。

⑩逌尔（yōu ěr）：叹息的样子。

⑪王摩诘：王维，字摩诘，唐代山水田园诗人。

⑫谢永嘉：谢灵运，南北朝时期的著名诗人，喜旅游，曾为永嘉太守。

有笔难描尽，还将杖履寻

——《花山何氏八景》

花山是个小山，然而就是这么个小山，有玉泉寺，有八百多年的黄杨木，还有传奇故事《仙女红袋》。在这里，有流泉，有梵磬，倚泉可以听松风、闻牧歌，临矶则能观云岫、看帆影，实在是个可人的地方。

玉泉古寺

这里的山村——蒋山村，过去毫不起眼，几乎要被路过的人们忽略。但高淳人谷起凤却留下一组歌咏的诗作——《花山何氏八景》，对我们了解花山过去的美景，有极大的借鉴。

谷起凤，康熙年间高淳沧溪谷家村的岁进士，他是进士张自超的老师，当时高淳的著名文人，留下的诗文较多。不难看出，这“花山何氏八景”极常见，似曾相识，却将一个小山村的宁静勾勒得立体而丰满，像倪云林的画，逸笔草草，其味无穷。“诗中有画，画中有诗”，用诗人自己的话来说：“有笔难描尽，还将杖履寻。”

江南的水乡，参差的田垄，总有些异曲同工之妙。小小的花山自然有其耐人寻味的乐趣，诗人独书八景，自有其深情处。“一切景语皆情语也”，比如第一首《石涧流泉》。一眼便联想到“清泉石上流”，继而浮想联翩，有柳宗元笔下的小石潭或者钴鉧潭，有吴均笔下的富春江……花山的这潭水，的确清澈的要人喜欢。山泉十里，远道而来，其声泠泠作响，如弦上之音，又似好鸟相鸣，嘤嘤成韵。三五好友于此驻足，从林间漏下来的阳光，摇曳出斑驳的样子，而暑热却消逝在一汪潭水之间。“泉声咽危石，日色冷青松”，不仅如此，汲泉烹茗，茶气在杯中酝酿，连香味都透出一股冷的味道。宋人孔平仲就有“茶井春芽雪满瓯”，此刻果然要“长夏冷如秋”了。这一“冷”字，实在值得玩味一番，大抵也会“凄神寒骨，悄怆幽邃”吧？而游鲤可不管，影布石上，倏忽来去，潭面吹皱的水波，荡漾起来的愉快。他们会玩“子非鱼，安知鱼之乐”的游戏吗？ 动静之间，冷热有别，快乐便蔓延开来，像爬山虎一样，占据了我们的心灵。

顺着诗人的足迹，我们可以继续向前。在渡口看湖头的帆影，趁风势，如叶飞，征鸟归鸿，时隐时现，而迎来送往，是孤帆一片，还是过尽千帆，早已被绿杨遮断。惆怅也罢，感慨也罢，枕着陇上的松风，苍翠的数里阴凉，说着双女坟的故事。远眺云山叠翠，看“行云迷洞口”，不禁“楼鹤作龙吟”，又是一番天地。

花山的确小，却算得是块风水宝地。“山不在高，有仙则名”，于是不得不提那白牡丹，高淳四宝之一。读《石畔仙葩》，难免要联想起郑板桥《竹石》：

咬定青山不放松，立根原在破岩中。
千磨万击还坚劲，任尔东西南北风。

扎根在石缝之间，曲折的成长，又多了份坚劲。“牡丹，花之富贵者也”，该集宠爱于一身，为何会长在这孤山野岭？“宜乎众矣”的牡丹，不声不响地绽放，人迹罕至，风晴雨露，耐得住寂寞，受得了清寒。历来咏白牡丹不乏佳句，如清代潘韶著有诗作《咏白牡丹》：

千红万紫斗芳春，羌独生成洁白身。
似厌繁华存太素，甘抛富贵作清贫。
琼葩到底羞争艳，国色原来不染尘。
昨夜月明浑似水，只疑瑶岛集仙真。

唐代大诗人白居易也写过，在他笔下“素华无人顾，却占牡丹名”。花山的白牡丹，在诗人的眼里，既素雅，又如白玉一般，纯净无瑕，无意争芳。独怜此花，得曳杖来寻，经一番跋山涉水之艰，过一段披荆斩棘之苦。唯独如此，方不负素影横斜的意趣。后来白牡丹忽然不在，众说纷纭。到底有多人见过，抑或本就没有，那已不重要。白牡丹的故事却成了传奇，口口相传，正如诗人吟诵的那样：“不是人间姚魏种，应同瑶草出仙家。”

修道成仙，志人志怪，是我们津津乐道的故事。自古山中多古怪，传南朝梁任昉有《述异记》，记载着王质烂柯的旧事：

信安郡石室山，晋时王质伐木至，见童子数人棋而歌，质因听之。

童子以一物与质，如枣核，质含之而不觉饥。俄顷，童子谓曰：“何不去？”质起视，斧柯尽烂，既归，无复时人。

我们的花山没有王质这样的奇遇，幸好我们还能读到这些诗，如第三首《花岭樵歌》，可以想象当初那嘹亮的歌声，与清风流水，还有各种鸟儿相互唱和，瞬间让寂静的山林有了活力。

其实和大多数绝意仕途的人一样，好佛学道，也是寄情的途径。诗人来到花山的西庵，听着楞严日课，他忽然想到那个叫可朋的僧人。可朋是眉州丹棱县城东人，自幼聪慧过人，晚年披缁于丹棱县城南九龙山竹林寺，《十国春秋》卷第五十七《后蜀十》有《僧可朋传》。可朋平生不拘佛家法度，酒量过人，自号醉髡，世称“醉酒诗僧”。曾积酒债无以偿还，常借诗朋好友之资以度岁月。诗人“欲动禅心”，却并无青灯为伴。内心的宁静，可以有很多形式，对于家乡的热爱，对田园风光的领会也是一种修行。其实我们不难看出，诗人并没有掉书袋似的引经据典，即使化用前人的诗句，也几乎不着痕迹。“诗缘情而绮丽”，把身边常见的景物，用平铺直叙甚至漫不经心的笔触慢慢展现，并非易事。赵之谦曾道：“看似平平无奇，殊为不易。”

我们且看其五《后滩牧歌》。

后滩牧歌

“一年之计在于春”，春深时候，百花已过，此刻来到湖滩，是一片什么样的景象呢？湖草绿，碧波荡。这足以让人心旷神怡，诗人并没有沉浸于这样的小情调。在他眼里，风景里有了人，景色才算是活了。果不其然，“牧童几队挂烟蓑”。这些孩子本该入书塾，读圣贤书，学八股文，怀抱“修身治国齐家平天下”的梦想，又或者立下“达则兼济天下，穷则独善其身”的宏伟志向。可惜，他们却早早地要放牛，是幸耶？是不幸耶？贪玩的孩童并不理会这个，“尽日横吹笛”，便是他们的游戏，看看谁吹得好，比比谁吹得响。他们骑牛的技术早不用人担心，高兴起来，扣着牛角，放声高歌，在朗朗的笑声里，“玉珂”是何物？

这样的场景，在花山是司空见惯的，农家人眼里稀疏平常的玩意，在诗人的世界，却有勃勃生机。我们的这个老人，在歌声里，在笑声里，定会感受春的气息。“谁怕？一蓑烟雨任平生。”

读罢这组诗，会有一些想法，并不纠缠于诗歌有多少的技巧，能抠出多少好字眼。就好比做菜，简简单单的，倘能恰到好处，有地道的味儿，亦非俗流可及。

《花山何氏八景》，的确有这样的味道。

花山何氏八景

清　谷起凤

其一　石涧流泉

山泉来十里，落涧泻龙秋。
咽石堪游鲤，涵天可浴鸥。
终年清见底，长夏冷如秋。
煮有中冷味，茶香雪满瓯。

其二 湖头帆影

一片蒲帆影，晴湖似叶飞。
去随征鸟没，来逐旅鸿归。
顺逆因风势，高低映日晖。
绿杨遮断处，知泊钓鱼矶。

其三 花岭樵歌

空山林叶落，樵采上嵯峨。
伐木频高唱，腰镰共放歌。
应声来牧笛，互答却莺梭。
疑乃无腔曲，凄清满涧阿。

其四 云山叠翠

参差横远岫，高下叠遥岭。
雨过山光绿，春归树色青。
行云迷洞口，流水识琴心。
有笔难描尽，还将杖履寻。

其五 后滩牧歌

湖草春深漾绿波，牧童几队掛烟蓑，
骑牛尽日横吹笛，扣角高歌笑玉珂。

其六 西庵梵磬

僻径云堂静不喧，断桥流水傍烟村。
楞严日课传清磬，欲动禅心学醉髡。

其七 陇上松风

陇头古干树千寻，翠盖苍发数里阴。
幽涧寒生风欲起，时惊楼鹤作龙吟。

其八 石畔仙葩

根生石隙玉为花，曳杖寻来素影斜。
不是人间姚魏种，应同瑶草出仙家。

【注释】

谷起凤：康熙年间岁进士。据光绪《高淳县志》载：谷起凤，字云章，家贫攻苦，性耽风雅。试诸生，屡受知于学使。生平尤富于诗，宗仰在眉山、剑南间。每一篇出，辄脍炙人口。字画亦秀健可爱。晚与宣城征君梅文鼎（号勿庵）为老友，有《黄山唱和》诸作。其徒陈诗，字观民，亦工诗，善书，悉得其家法。

会向元章画里求

——《花岭暮霭》

“若夫日出而林霏开，云归而岩穴暝，晦明变化者，山间之朝暮也。野芳发而幽香，佳木秀而繁阴，风霜高洁，水落而石出者，山间之四时也。朝而往，暮而归，四时之景不同，而乐亦无穷也。”

这是耳熟能详的《醉翁亭记》，出自宋代大文豪欧阳修的手笔。如果借来描述花山，倒也有几分相似。试用李倬的《花岭暮霭》来对。

首联“水涨南湖积气幽，花峰嵂屼与沉浮”。这里的南湖，就是固城湖，湖水上涨，水气与云雾相积。荡起的桨或摇起的橹，划破了湖面，泛起了涟漪，眼前是花山的倒影，或沉或浮。诗人立在船头，心旷神怡，无论远近，似与不似之间，皆以一“幽”贯之。这种氛围，自然是极愉快的。

诗题可见写花山暮霭之景，颔联便可一睹风物。所谓“斜曛初落寒山翠，淡霭旋生断岭秋”，不得不说，诗人的观察极其敏锐，遣词造句又极工巧，“斜曛”“初落”，静中有动，动中寓静，将日落未落余晖下的花山，写出了精气神。此刻仰视花山，真是“浓淡寒山翠做堆”。不特如此，淡霭忽然生起，就好像把花岭一下子隔断，这样的错觉，有股神秘的劲头，似乎染上了秋天的情调。

这“旋生”的雾霭，并没有持续多久，新月已是升起，便有了颈联“数缕渐微新月映，半腰横锁晚风收”。新月这一映啊，数缕淡霭忽然害了羞。“渐微”一词，将这慢慢的变化写得妥帖自然，而有些贪玩的雾霭，不忍散去，还要“锁”在半腰处——继续做“断岭”的把戏，又好像给花岭蒙上一层纱，似透非透，看不分明。恰就在叹息的时候，晚风如约而至，一吹便能“收”了雾霭的神通，叫人能看见花岭更美的肌肤。

绝不类青天白日之下的热情，夜晚就该是柔和的。这两联，明暗交辉，寓变化在不知不觉中，我们喜欢这样“幽”的韵味，就好像昆曲，不疾不徐，缓缓而来。花山这样的美，耐人寻味，尾联便呼之欲出“登临欲尽寰中趣，会向元章画里求”，诗人欲用登临来尽得其中趣味，然而不易办到。好在我们还有艺术，诗人想到了米元章，那个痴痴癫癫的怪人，他却创立了“米家云山”的画法。

“米家云山”在中国山水画史中独树一帜，堪称“别调”，也是文人画中不可或缺的重要格制。它以表现江南山水云雾显晦、岚色苍郁、州渚掩映之妙境。技法上以没骨横笔点（米点）为主并略加勾染，表现丛树、烟云、远山；墨法以破墨与积墨互参。画面源于造化，融于笔墨，真气弥漫浑然一体，又极具简约、抽象的形式美感。宋人曾有两句描写“米家云山”的诗：“解作无根树，能描濛鸿云。”

诗人用这样的方式收尾，别具匠心，给我们更多的想象空间。而欲说还休，欲写不得，欲尽不能，花山暮霭，不虚此行。游山之乐，自然也是无穷的了。

花岭暮霭

李倬[①]

水涨南湖[②]积气幽，花峰嵂屼与沉浮。

斜曛[③]初落寒山翠，淡霭旋生断岭秋。

数缕渐微新月映，半腰横锁晚风收。

登临欲尽寰中趣，会向元章④画里求。

【注释】

①李倬：高淳人，生平不详。诗见康熙《高淳县志》。

②南湖：固城湖。

③斜曛：太阳落山后的余光。

④元章：米芾，字元章（1051—1107），湖北襄阳人，北宋书法家、画家、书画理论家，与蔡襄、苏轼、黄庭坚合称“宋四家”。书画自成一家，枯木竹石，山水画独具风格特点。

花在云中放

——《花岫停云》

“不着一字，尽得风流”，读汪汇的《花岫停云》，莫名就想到臧克家的《三代》，或者是卞之琳的《断章》。言有尽而意无穷，抑或是惜字如金，又或是李青莲那样“眼前有景道不得”的感慨——诗人会用自己独到的眼光，恰如其分地表达他们眼中的情感，也因为这样的不同，我们读过的那些诗才有了丰富多彩的感受。

这首小诗，四句二十字，近似于儿歌，既没有生涩的地方，也没有花哨的修饰。一派自然，完全可以配得上“清水出芙蓉，天然去雕饰”的赞誉。又像极白乐天的诗，故事里都说，那个大唐的才子，写一首诗，就要读给隔壁的老太太听，待她们能明白了，就不再改动。用现在流行的话说是“接地气”，此诗亦不难明了。

花岫停云

其实我们稍稍留意，也会发现，诗人汪汇得邢昉之学，而邢梦贞是明末第一“布衣诗人”。向乡贤学习，是很智慧的方法。在只字片语的记载里，我们也可以找到这样的描述：汪汇，字潮生。因窃贼入室，伤一目，晚号“眇翁”。清高淳人，诸生。性率真，不事雕饰。见有奇书必卒读，为文奇肆奔放。岁校忤学使见放……晚工诗。一个好奇书的人，一个不受学使待见的人，一个大难不死又独具慧眼的“诸生”，他怎么可能亦步亦趋，拾人牙慧呢？明朝的张陶庵有句广为流传的名言：“人无癖不可与交，以其无深情也。人无疵不可与交，以其无真气也。”此话铿锵有力，相当的痛快。若以此来看汪汇，看他的诗，大概也会感同身受。

且看第一句“一岫矗云中”，直截了当，开门见山，从大处着手，读着心头为之一颤。传统中国绘画有这样的经验：丈山尺树，寸马分人。严格来说，花山只有百米之高，然而诗人用奇肆奔放的夸张，让花山有了动人心魄的可能。会有“疑似银河落九天”吗？会不会“闻说鸡鸣见日升”？还是能“阴阳割昏晓”？诗人眼下的山，可不雷同，一“岫”一“矗”，言简意赅，别开生面。这样的山，不该孤零零的，上天并不会厚此薄彼，于是花山有了极其丰富的草木，花开时节，一眼望去，葱茏之间，花粉堆砌，只见得一叠叠的，好似屏障一般，让人分辨不清。这第二句“花粉叠似嶂”，却也是应接不暇的效果，读来的确震撼。这样的美感，在我们的山水画里常见，比如王蒙的《葛稚川移居图》，比如沈周的《庐山高图》。诗人的这两句诗，让我们身临其境，如在画中游。

而收尾两句“云在岩中生，花在云中放”，和吴均“鸟向檐上飞，云从窗里出”，可做点联想。不工而工，其景有致，其情可悯，大有“悠然见南山”的意趣。沉浸在美景里，实在有点“浮云遮望”的迷惑，也容易产生“云深不知处”的幻觉。云从哪里来？花将开何处？题目有“停云”二字，陶潜亦曾有《停云》诗，其句“霭霭停云，蒙蒙时雨”，其序言“停云，思亲友也”，诗人难道也有此寄托？然而风吹则云动，这一动，诗人似乎要豁然开朗，原来是过眼烟云。诗人用大胆的想象，让云山石上，源源不断，而花就活泼起来，见云起，便用绽放做了些呼应。动静之际，赏心悦目。这两句，看上去平淡无奇，恰就是这样的简单，蕴含了诗人饱满的热情和热爱。

若我们读过石涛的绘画，会发现有一幅《三老坐松图》，其构图区别常流，三老者居然坐于松树之上，神态自若。乍一看，不可理喻，仔细琢磨一下，便明白，抒情达意在艺术的手法下，形式可以有各自的取舍。汪潮生的《花岫停云》，亦复如是吧。

花岫停云

汪汇①

一岫②矗云中，花粉叠似嶂。
云在岩中生，花在云中放。

【注释】

①汪汇：字潮生。因穷贼入室伤一目，晚号眇翁。清高淳人，诸生，性直率，不事雕饰。见有奇书必卒读，为文奇肆奔放。岁校忤学使见放。得邢昉之学，晚工诗。同县张之桢从之游。著有《西来子集》《草草吟》《始悔草》《师放草》。

②岫：山洞。

却叫古佛住中峰

——《玉泉寺》

高淳的玉泉寺在花山，山与寺，互为宾主。花山主峰海拔139米，虽算不得高大挺拔，但恰就在山的陡峭处有流水下注，终年涓涓不息，状如碎玉，故名曰“玉泉”。泉水口建有佛庙一座，玉泉穿寺而过，这就有了“玉泉寺”。是巧合，是天工，这种眷顾让山与泉都有了灵性。

于是我们有了铁拐李的传说，有了白牡丹的故事，也有了文人墨客的题咏。这些奇思妙想，或者可考不可考的说法，一经叠加，山和寺的形象就逐渐丰富。像一片林子，渐渐长大，枝繁叶茂，献出浓荫；另一个方面，会让里面的景致有了层次，甚至扑朔迷离。玉泉寺亦复如是，历经沧桑，有沉寂，曾鼎盛，遭兵燹，得重修……

翻阅资料，在明末清初，花山和尚单锡和他的徒弟孙性凯扩建了玉泉寺。玉泉寺《续田碑记》记载：“始则就山种茶，垦地栽竹。旋且继置田产，躬自力耕。五十年来，增田四百有八亩，构造楼房二十余间。寺宇之恢扩，山门之广大，路径之曲折，禅房之幽静，则供游人凭眺。”从这段碑记可以推测，玉泉寺的确有过一段时间的辉煌。

引用这段文字有利于读张之桢的《玉泉寺》。

张之桢是清康熙年间人，师汪汇，工篆刻，曾游历京师。《玉泉寺》诗一开头就先声夺人，绝无小心翼翼的尝试，就如篆刻讲“大胆落刀，小心收拾”。诗人极夸张之能事，这花山的模样，一下子就跃入眼来。接着的两句，一“遣”一“叫”，风趣幽默，而且充满想象，到底是谁，有这么大的法力呢？正当我们要努力寻思的时候，恰就在这里，话锋一转，这第三联就充满了生活的情趣。“桐崖水接”乃玉泉寺独有的景观，这样的幽致，当是“曲径通幽处，禅房花木深”。“穿厨灶”是依山而建的设计，实在大胆而巧妙，不破不立，足可以啧啧称赞。“竹圃”有人家，“禽喧”也热闹，人间烟火对着“梵钟”，看起来毫不相干，着一“杂”字，把这若隐若现的距离，似有似无的感觉，写得妥帖而有味道。就像一根线条，只要有趣味了，便也是艺术。这种愉快的感受，在尾联得到响应，是“还来就菊花”，是“悠然见南山”，此情此景，还有谁忍心“懒赴约”？到时候，“开轩面场圃”，篱间是霜天的菊花，在眼里，居然有了芙蓉的风姿，那可是“千林扫作一番黄，只有芙蓉独自芳”。

玉泉寺雪景

全诗八句，开阖有度，对比强烈，如一方印章，方寸之间，别有洞天。而朱白的呼应，在诗则是起承转合。一番艺术的处理，玉泉寺如在目前。眼前的天地，胸中的气度，一吐而出，煞是痛快。

玉泉寺

张之桢①

纵当不雨也雪封，岭在微茫越数重。
谁遣巨灵开大地，却叫古佛住中峰。
桐崖水接穿厨灶②，竹圃禽喧杂梵钟。
谩说秋来懒赴约，霜天篱菊似芙蓉。

【注释】

①张之桢：字石公，清高淳人。师汪汇，善吟咏，诗作出奇入胜。又工篆章。尝游京师，多困踬。康熙五十年（1711）曾与邢必庆等人共撰《征刻庙志公启》一文。著有《北游篇》《沛桥草》，均佚。

②桐崖水接穿厨灶：花山有泉，水从寺中过，僧人以竹承水进厨房。

淡烟微雨两悠悠

——固城烟雨

数百年来，勤劳的蒋山村民栖居在诗意的固城湖畔，岳飞的孙子岳珂曾有一首《晓过固城湖》，描写的是天朗气清的固城湖：东望金陵，山峰重叠；南望东坝，万船竞渡；环视湖岸，秀峰倒影，清新如画。南宋四川诗人阳枋也有一首《固城湖》诗：

溪平岸阔柳侵沙，泼泼游鳞弄月华。
柔橹数声深夜悄，渔人相唤隔芦葭。

这是描写夜晚的固城湖，月光流泻，柳暗水阔，鱼儿起跳，橹声拂水，渔人相唤，芦苇深深。这是一幅静谧的画面。

其实，固城湖的蒙蒙烟雨营造的凄迷婉转的意境，似乎更为人们欣赏，是文人雅士心头的情结，明代高淳知县顿锐将“固城烟雨”列入高淳八景之中。蒋山村民就是沐浴在这迷人的“固城烟雨”之中，培育了他们热爱故乡的情怀。

这里的“固城烟雨”其实是固城湖烟雨，不是指城头风景，而是指湖上风光。不过，固城湖是因固城而得名，固城依傍着固城湖，几千年来，固城作过楚王行宫，作过溧阳县治，历代的文人墨客吊固城、游固城湖，留下许多诗词作品。这些诗歌描绘了一个文化深厚、风景秀美的固城湖。宋朝诗人登上古固城遗址，高眺固城湖，遥想吴楚大战，伍子胥克楚鞭尸："千载血耻应无恨，何用涛声作怨声？"（《古固城》）似乎抚古伤今，为南宋的偏安而哀叹。明代诗人邢继鲲也发出了古今之慨叹："湖天一望水汤汤，白骨儡然古战场。若使平陵终楚天，谁知濑渚是吴疆？……"（《固城湖》）

明末清初"湖滨六子"之一的韩无疾有《渡固城湖》一首：

清和湖上渡，不渡几经秋。
藻荇恬阴浪，菰芦夺险流。
城墟楚庙在，地僻汉碑留。
一抹遥山翠，烟岚望里收。

撒网固城湖

既写湖上藻荇平铺湖面的恬静，又写湖水穿芦苇丛而流淌的湍急。远处山翠烟迷，不由地让人追想当年吴楚鏖战的兵火，与见证历史的古朴大气的《校官碑》。于是，对历史深沉的感慨就融进了这水光山色里了。眼前美景，过往旧事，两相交融，更增添了固城湖的优美与厚重。

不过，明代进士韩仲雍笔下的固城湖就轻松、单纯得多了：

> 濛茸树色纷栏槛，潋滟波光浸酒杯。
> 山客尚留灵药在，谪仙还着锦袍来。

眼前波光荡漾，远处树色濛茸，不由地畅想谪仙李白恐怕会故地重游！这景写得纯粹。但一般来说，了解高淳历史的地方文人描写固城湖，都把固城湖优美的山光水色与固城厚重的历史文化结合起来，自然风光与人文景观相辉映。自然风光就在眼前，有目共睹；而人文景观需要我们去地下发掘，去故纸堆里寻觅，需要我们发挥想象去再现。这，

明丽的固城湖

就像“固城烟雨”一样，朦胧而缥缈。

在所有描写固城湖的诗篇里，“固城烟雨”是突出的内容突出的风景，历来被人们推崇。

从时间上说，固城湖因固城而更增添了历史的厚度；从空间上说，固城湖却并不大，至明时不过“纵二十五里，横三十里”，然而一旦细雨蒙蒙、烟横固湖，湖泊就显得浩渺一片，并随着我们的想象而不知道有多么开阔了。

固城湖的美，美在她深厚的文化底蕴，美在晴天的山清水秀，更美在烟雨迷蒙时候的凄迷婉转。烟雨固城湖，是一幅流动的水墨风景画。

明代高淳著名文人，邢昉的五世祖邢瑁《固城烟雨》诗：

淡烟微雨两悠悠，半入长空半入楼。
吴月满丘俱寂寞，楚云无树独淹留。
横迷沙渚湖光饮，远抹林皋黛色收。
吹笛船头人不见，数生嘹亮隔沧州。

诗写得淡远缥缈，轻盈柔和。

康熙高淳县令李斯佺的《固城烟雨》则涂上了几抹艳丽的色块：

城南秋水正苍湛，渐觉平湖烟雨凉。
雨洗空林人不见，烟迷古渡雁初翔。
寺钟暗带芦花湿，舟火红沾荇藻香。
欲向空濛歌一曲，恍疑身在洞庭旁。

颈联“寺钟暗带芦花湿，舟火红沾荇藻香”，上句写清晨，下句写傍晚。清晨，保圣寺的钟声敲响了，却失去了晴日的清朗。钟声在雨雾中显得深重低沉，固城湖畔芦花似雪，却无法绽放，仿佛是被这能够拧出水来的钟声打湿了。晚上，湖面上渔火朦胧，荇菜（高淳方言里的“旱丝”）与荷花的清香仿佛借渔火而幽幽地飘来。上下两句诗歌，一早一晚，一白一红，一滞重，一飘动，听觉、视觉、触觉、嗅觉，全部调动起来了，让人全方位地去感受烟雨固城湖。

李斯佺说：“欲向空濛歌一曲，愰疑身在洞庭旁。”明代知县顿锐也曾说：“疑是洞庭秋色里，欲将瑶瑟吊湘灵。”两人都一起将固城湖比作“八月湖水平，涵虚混太清”的八百里洞庭湖。

蒋山村就依傍在固城湖畔，蒋山村的人民就生活在这充满诗情画意的固城湖畔。固城湖养育了他们，供给他们丰富的资源；固城湖也培育了他们对故乡的深深情怀，并化作了建设故乡的无穷动力。

悠悠固城湖

民风民俗

灵秀蒋山

仁者乐山，慈善厚重。美丽蒋山，大爱无疆。这是一种融入村民骨子的仁爱情怀，必将生根滋长，开花结果，薪火传递，生生不息。

大爱无疆

——蒋山慈善侧记

蒋山是一个充满爱心的地方。民国年间，保贤局内设置“济孤祠”，一度成为高淳民间的慈善机构之一。如今，蒋山村又成立了南京市首个村级慈善协会。这是爱心的传承，这是仁慈的延续，这是博爱蒋山的济世情怀。

蒋山村历史文化底蕴深厚，长久以来，村民受济世博爱的家风熏染，一直有着良好的慈善氛围和较好的群众基础。民国九年（1920），重建后的保贤局设置济孤祠，将保贤局里的收入用来救助苦难的民众。济孤祠收养弃婴，对贫困之家施棺施药，扶危济困，做了大量的公益善事，成为贫苦百姓的依靠。这种爱心继往开来，初心不改，一代又一代地在蒋山这片热土上传承着。

何腊保书记（左一）与村民

2011年7月的一天，蒋山村民王某带着儿子乘车去高淳，路上发生交通事故，两人双双身受重伤。听到消息，村支书何腊保立即赶到区人民医院，看望受伤的母子，个人当即捐助五千元。事后，何支书通过慈善机构联系到一个外地慈善者，资助孩子上学，直至大学毕业。多年来，该慈善者每年都拿出资金资助孩子上学，并且从不留名。直到现在，王某一家仍然不知这位好心人姓甚名谁。王某和丈夫万分感激，时时教育儿子好好学习，长大后报效祖国，回馈社会。何支书的善行在蒋山村有口皆碑，他每年都将自己的工资全部捐出来，资助村里那些需要帮助的人，并亲自将善款送到贫困者的手里。村民们没有一个不夸他是好人，都热情地称他为“零薪支书”。

蒋山村村民路三江也是一位爱心人士。他致富不忘乡亲，热心回报故里。数年来，路三江累计捐出五十余万元，为村里安装自来水，捐建济孤祠、戏楼和宗祠。为了保护非物质文化遗产“跳五猖”，路三江捐资购买锦袍、器具，同时将会跳五猖的几位村民招聘到自己的公司，让他们专门排练“跳五猖”，使这项非遗项目得以传承下来，却没花村里一分钱。

蒋山“武五猖”

何支书、路老板的善行起到了非常好的引领作用，在他们的带领下，蒋山村村民都纷纷行善。一时间，乐善好施、扶危济困在蒋山村蔚然成风。

2015年7月21日，南京市高淳区固城镇蒋山村慈善协会正式挂牌成立，成为南京市第一个村级慈善协会，开南京市基层慈善建设之先河，起到了积极的引领作用。

蒋山村慈善协会成立当天，村支书何腊保率先垂范，慷慨乐捐善款十万元。他高兴地对村民说：“村里成立慈善协会，目的就是筹集更多的善款，让困难家庭及时得到救助。”蒋山村村民，63岁的低保户何大爷那年刚做完肠胃手术，花光家中3万多元的积蓄，他也因此失去劳动能力，但仍然捐出100元。人们问他为什么，他回答说：“我家在困难时候，别人帮助了我。如今，我也要尽我的力量去帮助别人。100元钱不算什么，但这是我的一片心意。”蒋山村民得知村里要成立慈善协会，纷纷前来捐款。全村有1762人前来捐赠，参与募捐人数占全村人口的97%以上，仅蒋山村村民一天就捐得善款33.84万元，加上爱心企业捐款，当天协会共募集善款44.84万元。参与蒋山村慈善协会成立活动的高淳区慈善协会会长孔德华说：“乡亲们的淳朴令人感动，乡亲们的爱心令人感动。接下来，高淳区准备在村一级单位进一步推广建立慈善协会，健全救助制度，在村民之间搭建互助平台，争取实现小灾小难救助不出村。”

仁者乐山，慈善厚重。美丽蒋山，大爱无疆。这是一种融入村民骨子的仁爱情怀，必将生根滋长，开花结果，薪火传递，生生不息。

莲湘声声

——竹竿敲出的乐章

在高淳老街表演打莲湘

说起打莲湘，蒋山村的村民们可是津津乐道，逢年过节或文艺汇演时总少不了来一场蒋山打莲湘。明快的节奏，优美的舞姿，加上“唰唰”的莲湘棒声，把蒋山女性的幸福心态张扬得淋漓尽致。

在600多年前，由于战事频频，百姓居无定所，很多人在战争中流离失所，靠乞讨度日。但社会动荡，乞讨也不能求得温饱，有些不得已者只有卖唱或表演杂耍来求生存，他们就将自己手中的一根竹竿（平时用来打狗的）充当表演道具，打出各种花式，供人欣赏。民国期间打莲湘流传到高淳，起初人们把它作为一种健身活动，用一根三尺来长的竹竿击打身体的肩、背、腰、臀和四肢的各个部位，以达到舒筋活血之功效。新中国成立后，打莲湘在蒋山的吴家村获得了新生，如《翻身道情》般赋予了新的内容。特别是近年来的美丽乡村建设中，作为民俗文化传承，村民们将打莲湘活动用来彰显文化自信、向游客展示蒋山风采。2014年的“感恩之心”文艺晚会上，原先由乞讨演变而来、有悲悲切切之态的打莲湘，经12位身着民俗服装的蒋山村姑娘的表演，带给了观众美的享受，深受村民和周边群众的喜爱。

打莲湘的表演者均为蒋山民俗文化艺术团人员，他们在吴春香、张来来、杨香娣、路抱娣等的带领下，12人边跳边打上场，组成若干个“十”字或“井”字队形，人人手持莲湘，通过敲击肩、背、臂、腰、臀、腿、膝、脚等处变换快慢节奏，时而前进，时而蹲下，时而交错对击，一起一落，莲湘发出一片清脆的响声。从头到脚，从前到后，演员们打出前进、停留、蹲下等多种步法，边打边唱，两两对打，形成舞、打、跳的连续动作。表演者不断变换队形，舞台上处处充盈着飞舞之美，呈现出一派轻松活泼、欢快喜悦的景象。

莲湘的制作过程十分有趣，找一节长约120厘米的紫竹，备16个铜钱，一些彩色毛线，先在紫竹的两端各钻两个孔，孔长为两个铜钱的直

艺术团人员为村民表演

径长度，每个孔内并排安上两排铜钱，每排两个，舞动起来相互撞击发出声响。竹节处用砂纸打磨光滑，刷上油漆，开孔的两端用彩色毛线予以装饰，一把莲湘就制作完毕。

打莲湘的唱腔一般以地方小调为旋律，自打自唱，也可根据庆贺内容不断改变唱词、唱曲。蒋山的打莲湘是套用《拥军花鼓》的调子，听上去特别轻快、喜庆。

演员、莲湘、唱曲都准备就绪，蒋山村还专门请来高淳区文化馆的专家，对演员的化装、舞美、台风及谢幕等进行指导，从而消除“乡下狮子乡下跳”的思想观念，不断提升蒋山打莲湘队伍的品位。

自2014年10月蒋山打莲湘在舞台展示后，这支队伍曾多次代表蒋山民俗文化艺术团走出蒋山，走出高淳，形成了诸多舞台上一道亮丽的风景。2015年春，在慢城举办的南京市六项传统民俗文化活动展演中，蒋山的打莲湘代表高淳闪亮登场。2016年以高淳区文化馆牵头组织的“高淳区村镇才艺大比拼”中，蒋山的打莲湘为蒋山村捧回“最佳表演奖”立下大功。

蒋山打莲湘已成为蒋山村民俗文化表演的一块招牌。在美丽乡村打造和乡村旅游热的大背景下，相信蒋山打莲湘会不断传承和发展，把美美的蒋山展示给游客和观众。

五猖祈福

——地方民俗活动的金招牌

“跳五猖”主要流传于高淳、溧阳以及安徽省的郎溪县等地，是一种古老的民间艺术。据考，始于周，与宫廷的傩舞（一种以鬼神信仰为核心，通过面具等道具沟通人、神，并以祈福、禳灾、请神逐鬼为目的的祭祀舞蹈）有渊源。

高淳是“吴楚文化”的重要地区之一，珍贵历史古迹“楚王城”的部分遗址，目前仍保存在高淳固城境内。跳五猖是在楚文化的基础上演化而来的附有驱邪纳祥性质的民间祭祀舞蹈。

在高淳老街表演“跳五猖”

“五猖”所指何物，说法不一，流传较广的有三种：一说，“五猖”为邪恶之神。他们被人间称为专做坏事，偷、抢、放火，无恶不作的瘟神。但这五位猖神同时又很喜欢恶作剧，常常把偷抢来的东西放到别人家里，看着某人顺眼就会把所有东西给他。这样一来，在当时物质与精神都相当贫乏的百姓，便对“五猖”抱着既畏且敬的态度，把它们看成一个不正宗的“财神”，希望通过“跳五猖”的方式来“拉拢”他们，既不伤害自己，又能降福于自己。又一说，“五猖”起源于明朝，传说明太祖定都金陵后，对各位功臣开始封官许愿，却忘记了那些在南征北战中已经捐躯的官兵，结果就有“阴魂”来向他诉苦邀功。明太祖一时还想不出安抚这些“阴魂”的办法，索性封他们为“猖神”，以东南西北中五路囊括之，让百姓不时举行活动祭祀。这一“跳五猖”习俗，沿袭至今，成为过节时喜闻乐见的一项新奇文化活动，深受群众欢迎。还有一种流传甚广的说法是，“跳五猖”与江南一带的“祠山庙”和“五猖会”有着密切的联系。“祠山庙”是民间专为敬供“祠山大帝”和“五猖神”所修建的庙宇，相传，祠山大帝原名张渤，系汉代一治水功臣，生有神异，后坐化于广德之祠山。因张渤治水有功，天帝特封其为祠山大帝，并令五方猖神为其“保驾”，于是从明代起，世人在祭祀祠山大帝时，又在祠山庙里供奉五猖神位。每年的祠山菩萨出巡，伴有判官菩萨、五猖菩萨、万岁牌、鬼司同行，以显威仪，跳五猖则是其中一环。高淳拥有两湖一江，水资源丰富，千百年来，在生产、生活过程中，一直与治水紧紧相连，百姓信仰治水英雄张渤，自然合乎情理。

在高淳，“五猖”有“文”与“武”之分。“文五猖”流行于定埠、椏溪一带，角色中除了五猖神外还加进了判官、土地、和尚、武士等别的角色。

“武五猖”中就只设东、西、南、北、中五方天帝。五方天帝即：东方苍帝、南方赤帝、中央黄帝、西方白帝、北方黑帝。

蒋山村以跳“武五猖”为主。五个人头戴面具，各执兵器、物件，按特定的方位舞跳，以祈求五方天帝降魔伏妖，降福人间。五猖神舞者的面具、服饰也都以青、红、白、黑、黄五色对应青帝猖官、赤帝猖官、白帝猖官、黑帝猖官、黄帝猖官，其意分别又暗合金、木、水、火、土五行之色。猖官手执物件各不相同，以兵器居多，青脸使双棍，红脸执双刀，白脸拿牌（牌上有“善恶分明”字样），黑脸双手各握一八角拳，黄脸左手捉鸡、右手持刀。每个猖官都有背旗，看上去八面威风，十分威武。出场时按青、红、白、黑、黄的顺序一字排开，再按此序逐一单独表演舞蹈。主角主跳，余四个配角呼应相衬，五色轮回为第一轮次；第二轮次为双色跳，青红对面跳，余三衬托，再白黑对面跳，余三衬托；第三轮次为“众场”，即五个角色同跳，后面还有精彩的“小四门”“四门八”“穿叉堂”等，据说是预示天下太平和对未来美好的梦想与追求。

“跳五猖”时所用音乐伴奏由板鼓、铛锣、小锣、马锣、铙钹等打击乐器进行，也有些加进了唢呐、“洋喇叭”等吹奏乐器，乐曲主要是民间较流行的江南小曲。乐队指挥由鼓师担任，锣鼓演奏的翻点（变换曲牌）均从板鼓开始，该舞伴奏中常用的锣鼓字谱有[新八番][刹马威]等鼓乐曲牌。

行走在高淳老街

蒋山“跳五猖”一般是在祠山庙会时进行，但随着人们对民俗文化的重视与喜爱，“跳五猖”这一古老而神秘的民间舞蹈不仅被选入《中国民间舞蹈集成》，有时还被搬演到广场和舞台上，从而丰富了农村庙会、节日文艺活动，推动了农村人文旅游，促进了文化与经济的互动，拓展了农村文化活动市场，加强了农村与城市文化交流。对推动农村经济的持续发展，彰显地方特色起到了一定的作用。

今天，游客们如果来蒋山村游玩，很可能邂逅一场令人难忘的“跳五猖”民俗表演。只见场子中间的五个角色：青帝猖官头带青色面具，身穿以绿色和青色为主的服饰。面具上怒视的双眼向外凸出，两道浓眉倒竖，额头处的金色图案与鼻部的金色如意图形上下呼应，嘴角两侧装饰有红色的火苗图案，令人生畏。赤帝猖官带红色面具，嘴角上方的金色火苗图案采用银线勾勒，在红色底色的映衬下，看似一对火凤凰。白帝猖官头带白色面具，采用红色和金色图案点缀装饰，其怒睁的双目、上斜的眉毛、红嘴獠牙，平和之中令人肃然。黑帝猖官黑衣黑面，面具配以金色和红色图案，配色大胆，凶恶的形象让人敬畏。中央神为黄帝猖官，带黄色面具，鼻部金色的如意图形以及嘴角两侧一对红色的火苗图案，在黄色底色的映衬下显得尊贵、威严。五位猖神腰插背旗，手持不同法器，时而独舞，时而对跳，其步法散碎，舞姿古朴，动作怪异夸张，营造出一种近乎原始的神秘气息，令观者既感好奇又略感惊悚。而五猖神巡游的场面则称得上震撼人心，其队列有序，人员众多，浩浩荡荡，旌旗招展，锣鼓喧天，管笛声扬，鞭炮声、火铳声响彻云霄。

高淳“跳五猖”是原生态傩舞的活化石，命运多舛，经历了禁锢破坏（1958—1979）、恢复重生（1979—2007）、跳跃发展（2007至今）等几个阶段。最兴盛时曾参加江苏省舞蹈会演，得到专家的赞赏并获奖。“文革”期间被当作“四旧”遭摧毁，当时幸遇老艺人拼死保存下几个五猖面具。近年来，“跳五猖”更受到有关专家学者的重视，他们通过考察，从人文价值、社会价值、经济价值等几个方面给予“跳五猖”肯定。

今后，随着社会的发展和人们审美能力的提高，蒋山村的“武五猖”还应在原有的基础上不断完善发展：首先要保护有代表性的传承人，培养年轻一代传承人；如果能吸收定埠、椏溪“文五猖”的长处，增加如判官、道士、土地等角色，会更具观赏性；成立专门跳“五猖”民俗文化表演团体；附以“十番锣鼓”，分出表演和巡游层次；突出“武”的特点，创新一些显现“武”的难度动作；在表演中，见机对角色辅以声音，可以是祝愿的话，以增加气氛，增强观赏效果；以跳“武五猖”为主体，前后配以相应的节目表演，形成一台完整的独立的民俗文化表演节目。这样一来，咱们蒋山村的“跳五猖”就能更好地展现五猖的祭祀性、多元性、娱乐性和独特性，进一步丰富广大群众的民俗文化生活。

十番锣鼓

——乡土文化表白的又一形式

2017年，蒋山村荣获“全国生态文化村”，这是蒋山村近年来走生态路、打文化牌，新一轮发展的硕果。文化是蒋山村新时期转型发展的一大特色，蒋山四平方千米区域内，数处市、区文物遗存是重要权重，同时也得益于独特的非遗支撑，其中蒋山的“十番锣鼓”就是高淳非遗的亮点。据资料记载，2012年“十番锣鼓”被列为南京市非物质文化遗产名录。

十番锣鼓，属传统民间鼓乐，一般用于民间的各种风俗礼仪活动，也时常与道教音乐糅合，主要流行于江苏、安徽、浙江、福建、湖北一带。各地又因乐器不同分为纯打击乐器的清锣鼓和加入丝竹乐器的丝竹锣鼓，因此就有“笛吹十番”“笙吹十番”之分。蒋山村在传承中加入了唢呐，故有“唢呐十番”之说。

蒋山的“十番锣鼓”一般由5人演奏，乐器为鼓、大锣、大镲、小锣、钹，以鼓手为乐队指挥，大家依据鼓手的手势和鼓点发出的信号敲打节奏，转换曲调。也有7人演奏，即加两支唢呐进行伴奏，产生共鸣。

每每有喜事或重大节日，在蒋山村就能听到锣鼓的声音。过庙会或是菩萨巡游，特别是民俗活动跳五猖表演，“十番锣鼓”肯定会闪亮登

“十番锣鼓”表演

场。只见表演者身着橘黄色服装，一色的黄头巾，鼓手端坐中间，其余两边站立。随着一阵鼓点引领，锣、镲、钹循着鼓点敲出节奏，穿插重叠，和声齐鸣，一时锣鼓喧天，场面热闹非凡。表演中有时鼓点密如骤雨，锣镲钹随之激越高昂；有时鼓点舒缓似走马，锣声也显得悠扬而绵长，镲钹则敲得不紧不慢，声声干净利落。猛然间，鼓手双手紧挨鼓面，手腕执槌上下急速弹起，鼓声一阵紧似一阵，锣镲钹急促敲响，铿锵回应，恍如千军万马奔驰纵横。当观众的心跟着激荡的当儿，突然，鼓声貌似消失，细如游丝，锣镲钹也似乎跟着隐秘起来，观众仿佛置身于叮咚泉水边沐着清风朗月。这时，等人的听觉神经刚刚松弛，悦耳的唢呐声粘着鼓点响起，应着锣声，和着节奏，让调子一个一个地转着弯儿。无论是急如泰山压顶的凝重，还是缓似珠落玉盘的空灵，悦耳和谐的节奏无不给人一种洗心涤肺的感受。正当你沉醉在柔和的唢呐吹奏之中时，蓦然鼓手一个手势，随即快速猛捶三下，鼓槌沿鼓面轻轻一划，一锤定音，所有声音戛然而止，唯有你周身被感染的细胞在跳跃、游离……

不难看出，蒋山的“十番锣鼓”酣畅淋漓地表现出表演者的思想和情感，也表达了蒋山人民的豁达、自信和对美好生活的追求，更带给人独特的震撼和享受。确实，蒋山的“唢呐十番”不同于高淳渭塘的“威风锣鼓”，也有别于原高淳文化馆陈九林馆长一行演奏的“开台锣鼓”，它的撞击、灵动、鲜活、诡异和敞亮所赋予的感染力征服了一批批观众。

据现年85岁的传承人路钟文介绍：蒋山“十番锣鼓”师从花山堡李发明的春福班和狸桥张村的张克一。20世纪80年代，跟随习艺的有吴令贤、杨和令、吴毕贵、路钟文、吴传飞、路钟忠、陈国忠、吴其保、吴其林、路忠大等，现主要传承人为杨红桃、吴建荣等。遗憾的是张克一传承的唢呐86个变调，传至路钟文，暂无后继者。

十番锣鼓，有些地方叫“十样景”，即演奏中有10种乐器。蒋山的“十番锣鼓” 有6种乐器，全程演奏1小时20分，其“十番”即：《急急风》《求头》《七记音》《细走马》《十八六四二》《鱼合八》《细走马》《金橄榄》《急急风》《螺丝结顶》。目前，蒋山“十番锣鼓”演奏中有《急急风》《上跑马》《隐锣》《四片云》等曲调的转换，稍加整理，十番则名副其实。

我们相信，文化已觉醒的蒋山人，一定会传承发展好“十番锣鼓”，并借助这一民俗文化表现形式，不断进行文化表白，彰显村民的文化自信。

女子锣鼓

送春曲艺

——雅俗共赏的民间文化

蒋山村的民俗文化活动内容丰富多彩，送春，是其中比较出色的一项。2014年10月，由蒋山村两委主办，蒋山民俗文化艺术团承办的“感恩之心”文艺晚会上，11个节目中有7个皆是蒋山本土的，由村民路钟忠和施红梅表演的《送春》博得阵阵掌声。

送春，是高淳农村一种喜闻乐见的民俗文化活动。它以歌唱的形式出现，其内容多歌颂，也就是“讲好话”，所以又叫唱春，也叫颂春，但沿袭习惯称送春。早年在高淳地带，每逢春节总能看到送春的现象。送春有一人敲锣单唱的，但一般是两人搭档，一人敲锣，一人打鼓。敲锣者领唱，打鼓者应和，两人走村串巷，给春节增添了不少欢乐气氛。旧时送春者会背一个龙口袋，每到一户，唱完后主家会给炒米糖、欢团等回报。蒋

送春艺人

山村现存的送春者，只有路钟忠、吴其林两位老搭档了，两人都已70多岁，一般在大年三十夜保贤局守岁或是村上逢重大节日会表演送春。

据送春艺人路钟忠介绍，送春起源较早，无师自通者少，一般由师傅口口相传。根据高淳老送春艺人师从关系推测，高淳境内至少从清朝中期起，送春这种民间口头文艺活动就已经非常普遍了。但从《春歌头》的内容看，送春的起源可推至明朝。路钟忠保留的《春歌头》为：

冬至逢祥春又来，花不逢籽不乱开。
花开花谢年年在，春家送子进府来。
明朝做官戴纱帽，春夏秋冬不知道。
六月初三下过霜，六月初四冰长江。
大江冰了三尺深，小江冰了入泥心。
冰江冰湖又冰海，冰得粮船不能开。
永乐王一听掣一惊，朝中无粮不太平。
满朝文武来商论，请来阁老冯大人。
站在船头把春送，一阵清风吹开冰。
粮船开到天朝门，满朝文武来相迎。
……

送春道具

这段春歌词中的人物阁老冯大人，传说是一位鹤发童颜的道长叫马之清，人称“冯阁老”，因为唱春解冰有功，被永乐皇帝封官，成了“冯大人”，并准许他天下传唱春歌，也就是“奉旨送春”，这样送春就流传下来。这与高淳双塔姜家送春人姜训通、漆桥荆塘村送春人陈福兴的《春歌头》里描述的送春起源相一致。

路钟忠传承的春歌有《风筝记》《洛阳桥》《十里亭》《白蛇传》《打游击》《十二房媳妇》等几十个唱本，其中《风筝记》（《送十里》《回十里》）唱完长达一个多小时。然而，“送春自古送到今，没哪本春歌尽相同”。春歌唱本在送春人口中出神入化时，可结合当时的情景进行改动，这样就逐步演变成《见之歌》，即是“看到什么送什么”。路师傅的见之歌有《送子参军》《送新房》《送剃头店》《送杂货店》《新店开业》《学艺出师》等。值得一提的是，路钟忠根据唱戏的剧本改编了《三岔口》《蔡文姬》《天仙配》《杨门女将》等春歌唱本。

春歌也与时俱进，2014年，蒋山村举办联欢晚会，路师傅就结合新时代新编了春歌：

歌唱党的政策好

（长板春）

息住锣来定住音，各位同志请细听。
色样新春且不表，听唱党的政策好。
正月里来闹元宵，全国人民齐欢笑。
改革开放样样好，群众生活步步高。
二月里来杏花香，家家住上新楼房。
许多人家买轿车，彩电空调带冰箱。
三月桃花红到桩，农民负担免精光。
自古种田要交税，如今种田还补钱。
四月里来天气长，老年同志喜洋洋。
年满花甲有钱拿，衷心感谢共产党。
五月里来是端阳，少年儿童上学堂。
如今读书不交钱，免费上学快成长。
六月里来热难当，群众有病就近看。
医疗合作政策好，医药费用报不少。
七月里来是秋凉，群众出行都便当。
处处都是水泥路，条条大路都通畅。
八月桂花阵阵香，残疾村民有保障。

符合政策有钱领，发自内心感谢党。
九月秋高天气爽，村容村貌大变样。
专人负责来打扫，走到哪里都舒畅。
十月芙蓉小阳春，群众出门不烦心。
公交开到蒋山村，每天几趟时间定。
十一月来雪花飘，亮化工程抓得好。
条条巷内路灯通，放心大胆把路行。
十二月来蜡梅兴，党的恩情说不尽。
十八大来为民好，生活幸福步步高。
本人知识实在少，唱的质量不太高。
都是大家心里话，都是党的政策好。

从路师傅自编的春歌词中不难看出，春歌唱本富有传承性，也很有时代性。富有创新意识的路钟忠，充分发挥自己嗓音好的优势，将传统的两人送春（他称短板春）一唱一和，改为唱腔婉转绵延的长板春。其体例为：

传统短板春：（唱）息住锣来定住音，各位同志请细听。
（和）色样新春且不表，听唱党的政策好。

自创长板春：（甲）正月里来闹元宵，（甲）全国人民齐欢笑。
（乙）改革开放样样好，（合）群众生活步步高。

这样，敲锣的领唱者（路师傅）唱得多，能充分发挥唱腔好的优势，自然就动听吸引人。据路师傅说，有一次他和路其林在某村送长板春，招来成群的人跟着他们后面听送春。

送春现已作为一种非物质文化遗产加以保护。蒋山的送春能走多远？路钟忠师傅充满信心地说："送春不会消失，蒋山的送春已有改进和发展，我将在有生之年，竭尽全力，让送春获得新生，为蒋山的民俗文化传承贡献一份力量。"

民风民俗

祈福纳祥

——民间信仰的传承和发展

有着深厚文化积淀的蒋山村，宗教文化与民间信仰遗存丰富，除20世纪60年代泗洲庵被集体建灌溉站拆除外，蒋山村现存宗教活动场所有保贤局、太太堂、大王庙等，另外还有周边的西茅庵，信众涉及五个自然村，蒋山就有何家、李家、吴家三个村子。

蒋山的宗教文化最有影响的要数始建于清光绪十四年（1888）的保贤局。保贤局原名龙盛庵，后改为球琅庵。民国八年（1919），保贤局与当时的高淳知县刘春堂结缘；民国九年（1920），刘知县发动东坝、漕塘、倒骑龙史家和所在地的蒋山吴家村诸多地方乡绅名流重修球琅庵，并易名保贤局；民国十一年（1922），高淳第三警察分驻所所长唐焜捐赠17米高的定心标一根；2005年，保贤局又一次重修；2013年，扩建“崇本济孤祠”；2015年，移址新建“祠山庙”和

保贤局

“将军庙”，这批建筑与“圣德楼”戏台遥相呼应，形成一个文化建筑群落，成为蒋山村一处引以为豪的文化广场。

祠山庙

保贤局为两层走马楼，主神供奉在二楼，供奉的是道教马帝君（马大真人），配神为汪大真人和胡福司。左殿是董大真人和关胜，右殿为文昌帝君和吕大真人（吕洞宾）；楼下供奉的是药王孙思邈。祠山殿供奉的是水神祠山大帝，左边供奉的是五福真人，右为观世音菩萨（立有牌位）。偌大的崇本济孤祠中间立阎王塑像，两边则是村民为自己祖先立的牌位。最北边的将军庙，供奉的是柳大真人（王灵官），塑像手拿金鞭，额上开一只慧眼，威风凛凛、杀气腾腾。保贤局众神除了有祈福纳祥，护佑一方平安外，庙中还保留了中国古老的占卜方式——扶乩，鸾凤开沙，阴阳穿越。

西茅庵、泗洲庵、太太堂为周边五村（何家、李家、吴家、盛前、田家）共同的庙宇。西茅庵供奉的主神是马大真人、汪大真人，配祀新增何将军，始建明朝，以前庵内有道姑，后复建更名“迁善堂”。传说乾隆皇帝追寻花山二妃在此留宿一夜，并赐有“隆寝古庵”牌匾。经年流月，现重建的“迁善堂”虽看不到道姑，但依然香火不断。泗洲庵原先在何家村西边临湖处，供奉的泗洲菩萨有祈雨治水、点化痴男怨女之神通。据老辈人介绍，泗洲庵靠湖边，门朝西南，进门有两个怒目圆睁的门神，有一天井，两边有泥塑的四大天王。因为泗洲菩萨有祈雨治水的本领，每逢大旱，乡民会请出泗洲在烈日下暴晒，谓之“晒泗洲菩萨求雨”。“文革”中，泗洲庵被拆，现在村民在原址上用红布条做了一些标识。太太堂在何家村后的一个院落里，里面供奉的是两位女性神“痧太太”“花太太”。据说，两尊神是妈祖的化身，专门治小孩“发痧”“出水痘”，是孩子们的保护神。旧时小孩发痧、出水痘是常见的现象，在医疗条件极其匮乏的时期，村民只有祈求神灵的护佑，保佑孩子在发痧、出水痘时平安。有意思的是，村民编出有“下花老太”，即是专门给小孩种花的坏神；“痧太太”“花太太”是“仙花老太”，即是解救小孩的谢花好神。不难想象，旧时，五村有多少母亲为孩子去太太堂磕头寻求神灵庇护。

以李家和现在的山上村（蒋家、汪家垄、马家垄、明家）为信仰村落的大王庙，是蒋山村民间信仰的又一场所。大王庙在李家村前，面朝南，高高的台阶直上二层，把不大的庙宇衬得巍峨庄严。上面是三尊神，大王菩萨（刘飞龙）、方将军（方剑牛）、李将军（李儒生）。一层供奉五方土地神和韩文公（据考证是八仙之一韩湘子的叔叔韩愈）。蒋山大王菩萨全称承烈大王，祭祀的刘飞龙是一位治理农田虫害的保护神，重点是除蝗虫的神。高淳、安徽狸桥乃至安徽湖阳一带都供奉大王菩萨。蒋山大王庙属狸桥云山大王庙，云山大王庙在周边很有名，据说有“三坛十方”，李家只是其中的一方。虽为一方，但蒋山李家不但建有分庙，而且在众多信仰的村子里首屈一指。传说，早年云山建大王庙时，上主梁那天，木匠将梁拉上去，发现梁做短了。上梁时辰将至，新做大梁又来不及，众人正大眼瞪小眼时，只见不远处的花山李家信众抬一大梁鸣道而来，拉上大梁，不长不短，不偏不倚，浑然天成，从此李家大王庙在众多信仰大王菩萨的村子里的主要地位被确立。

蒋山众多民间信仰无不反映蒋山人民对自然的崇拜、对幸福生活的追求。步入新时代的蒋山人，重视传统文化的传承和发展，对蒋山的宗教文化更是自觉地赋予时代新的内涵，使之更好地为蒋山的健康向上发展服务，为蒋山的文化自信写好注脚。

细雨润物

——湖畔明珠沐春风

蒋山村，山清水秀，人文荟萃，生态和文化两个发展引擎推动着物质文明和精神文明的和谐发展。

早年的蒋山村属花山地区，汉唐驿道穿境，何家古港吞吐，渔樵文化滋养，使得该地区较为富庶，经济和文化得到协同发展，在高淳享有“金花山”的美称和“小小何家赛苏州”的赞誉。

文明，这个人类活动必有的产物，自然在花山这块热土上生根、开花。秉承“忠孝廉节”里“先国后家”的祖训，何邦模经商期间，为抗英军暴行，倾其所有，捐献布匹，抚慰灾民，并大声疾呼：“国难当头，岂能坐视，国之不存，家之焉附？”激励我热血男儿赴国难，雪国耻。清乾隆年间，何衢据

蒋山渔村

民风民俗

理力争，以一人抗十府，最终“白水为界”平息淳宣两地固城湖权属之争。路景德尊师崇儒、孜孜求学，终成一方文殊。道光年间，在江宁任上的何耀南，几十年如一日，省下薪水接济家乡求学书生，传为美谈。孝子路问衢哀思双亲，庐墓八年，至诚至孝，引领世风。善人蒋玉敦，逢日寇“扫荡”，蹂躏乡里，献出全部窖藏，为百余乡民煮山芋一天一夜。吴、路后人借助保贤局，救援济孤，义薄云天。李姓家族数百年护守“双女坟”，让一段“人鬼情未了”哀婉动人，流芳百世。

毋庸置疑，这些蒋山先人的行为，无一不是盛开着的一朵朵文明之花，芬芳四溢，沁人心脾，影响和激励着一代又一代的蒋山人。

现在，随着蒋山村经济的健康发展，特别是2013年跻身南京市百强村以来，蒋山文明注入了新的内涵。2012年，蒋山走出去的成功人士自发捐款70多万元，为家乡改电、改水、改厕。越来越多的村民自觉加入新农村建设和美丽乡村打造中，捐资捐工修缮当地遗存文物多处。2014年10月，蒋山村举办的“感恩之心”文艺晚会上，吴小军、何腊保、路三江等五位地方成功人士结对帮扶五个困难家庭。2015年7月，蒋山村成立了南京市首家村级慈善协会，募捐的50多万元的资金盘子里，有每个蒋山人的一份爱心，体现了“我为人人，人人为我”的新时代慈善理念。为营造整洁、舒适、优美、文明的幸福蒋山，2015年，蒋山村开展了“美丽庭院”“和美家庭”评选活动，村民通过层层选拔，共评出美

村民新居

村民旧居——泥屋

蒋山公厕

宣传墙

丽庭院、和美家庭各四户，予以挂牌奖励，其中一户“美丽庭院”的入选优势为“庭院视野开阔，院墙古朴别致。院内干净整洁，花草点缀合理，给人赏心悦目之感。后院临水塘，蔬菜花木错落有致。树荫爱柔，田园极目”。一户“和美家庭”的入选理由是“二老德高望重，勤俭持家。虽为半路夫妻，但视五子女无异出。小辈个个孝敬，事理从不有违。一家孝老爱亲，和和美美”。

这是文明的鲜花，这是人性的光华；这是美的硕果，这是人人期望的快乐老家。可喜的是，蒋山村村民文明程度不断提高与群众幸福指数节节攀升，已相互依存，互为发展。

如果说蒋山文明之花姹紫嫣红，那么该村的村规民约制订堪称一枝独秀。蒋山村结合近年的家风、村风、民风建设，制订并民意通过了新的《村规民约》，其内容为：

爱国，爱党，爱集体。学法，懂法，循法纪。
栽花，种草，美家园。尊老，爱幼，睦邻里。
热情，友善，讲礼仪。移风，易俗，明事理。
育人，兴教，重赡养。真诚，守信，众心齐。

不难看出，在村规民约的作用下，蒋山人传承文明、热爱文明、

蒋山村委驻地

讲究文明、追求文明，蒋山村文明之花遍地开放。

其实，蒋山村文明的重要标志之一，是蒋山女子的文明进步。我国历史上长期受男尊女卑思想影响，农村女子受教育程度普遍低于男性，曾属于贫困村的蒋山又何尝不是？蒋山村在“尊上长”“谨阃教”等家风的熏陶下，20世纪80年代就出现“新媳妇让新房”给公婆住，自己住草房的事。近几年，随着蒋山的文化觉醒、文明占位，蒋山的女子得到蜕变，不少妇女加入“巾帼创业”，抑或搭建电商平台，彰显“妇女能顶半边天”的风采。劳动之余，蒋山女子的广场舞、女子锣鼓、打莲湘、女子腰鼓等活动开展得有声有色，倡导了村里的文明新风尚。

现在，每每晚饭后，总有一群蒋山妇女沿着环村大道走路健身，其中不乏姑嫂结伴的、媳妇陪着婆婆的，这已成为蒋山一道亮丽的风景。

这真是：蒋山风景美如画，蒋山文明开奇葩。地域发展有后劲，崇尚生态和文化。

饮食文化

大自然的无私馈赠，经由勤劳质朴的蒋山村人融汇于美味的菜肴里，人们在人间烟火中用心感受着它原生态的滋味。这，也许就是蒋山村人谦和而快乐的缘由吧。

破絮窠团子

——让人回味的蒋山美食

春天的田野给予农人太多食材，让人们在绿意盎然中感受到新的希望，在大自然的馈赠中感受到味觉上的富有，破絮窠团子就是一种让味觉与视觉都得到享受的家乡味道。

说来很奇怪，蒋山村是高淳最南边的小山村，与安徽毗邻，安徽人春天里吃的青团是用野艾取汁和入糯米粉做成，蒋山村的青团却是地地道道的高淳特色：摘取俗称“破絮窠”的草捣碎，加入糯米粉不停地揉和，使二者充分融合而成——俗称“破絮窠团子”。

在还未远去的记忆中，蒋山村总有几家人家备着石臼，快过年时用来捣米粉做团子，东家用完借给西家，忙碌完就会擦洗干净闲置起来。而到了春天，石臼又开始忙碌——因为破絮窠破土而出，破絮窠团子开吃啦。

高淳方言中的破絮窠其实就是佛耳草，也叫鼠曲草。一场春雨，破絮窠在野地里恣意生长，绿绿的叶上附着一层白绒绒的棉毛，可爱至极。采摘破絮窠草的女人们——或许是奶奶，也或许是外婆，带着孙儿孙女们，在金灿灿的菜花丛中慢悠悠地闲逛着，发现一片破絮窠，就用两手指轻轻一掐，水嫩水嫩的，如棉絮般，也许就因为如此，当地人称之为破絮窠吧。掐破絮窠的工作做完，接下来就要石臼出场了——将洗净的破絮窠放入石臼里，用捣槌一下一下地捣，青青的汁水慢慢溢出，带点苦味的清香钻入鼻中——别急，还需要捣呀捣，直到破絮窠成泥状，青汁包含其中。好了，这时需要二人合作，奶奶或是外婆就会叫来孙儿孙女，告诉他（她）慢慢把糯米粉加入，自己则蹲在石臼旁不停地和面，根据草汁的湿润度指导孙子孙女适时添加一些米粉。渐渐地，青汁与草泥融入米粉中，雪白的米粉变成绿色的面团，揉和充分，面光不见草，草入面团中，碧绿如玉，清香如菊。

佛耳草

将面团从石臼里取出，在桌上撒些糯米粉，把面团搓成长长的，扯成一小团一小团，摊平，放入红糖，在手心里捏好搓圆，一个个有序地放到蒸笼上。此时灶上的水已烧开，开锅蒸笼，灶里的火暗淡下来，咕咚咕咚的水沸腾着，灶上一片迷蒙，水汽与破絮窠团子的香味弥漫着整个厨房。等上十几分钟，揭开锅盖，圆圆的绿绿的破絮窠团子一个个水灵灵地卧在蒸笼布上。当奶奶们把一笼破絮窠团子端到桌上，等不及的孩子随手就去捉一只往嘴里送，那一口下去，糖水溢出，烫得哇哇叫，可还是舍不得吐出来。那草的清香，那糖的甜蜜，永远留在记忆中。孩子们直到长大离开家乡，忽然一日想起童年的破絮窠团子，那家乡的味道再一次被回味，满满的思念油然而生，只有一个念头：回家，回家吃破絮窠团子！

春天到了末期，菜花已谢，那些破絮窠开出了黄黄的花儿点缀着田野，这时节，最后掐一波破絮窠做团子，开了花的破絮窠做成的团子更香甜，更有嚼劲。过年时礼尚往来的红糖用得差不多了，石臼被清洗收

破絮窠团子

起，等待下一个季节的到来。

美食总是会被超越，现在人们已不再用石臼来捣破絮窠了，掐来草，用刀细细地剁碎，馅也变得丰富起来，有用荠菜猪肉馅的，有用芝麻馅的。剁好的破絮窠放入冰箱中，不用管季节，想吃就拿些出来做，春天的味道也可以在冬天享受。

如今，蒋山村人在春天里为客人们准备了地道原始的破絮窠，让一年四季来来往往的客人都能够品尝到那原本只属于春天的味道，让人们一年四季都能够享受慢节奏的悠闲生活。

地皮菜

——大地对乡民的馈赠

江南的春天总是很匆匆，还没来得及把春天的时令菜逐一细细品尝，初夏就急急地赶来了。青菜刚刚长成鸡毛状，豇豆在架子上疯长，茄子正在变紫，此时，飘上点细雨，地皮菜就悄悄地在山野间泼辣辣地长成了。

那些农村长大的70后、80后还记得童年的梅雨季吗？那样的天，家里到处都是霉味，雨总是滴滴答答，只能待在门内看着下个不停的雨，期待雨后的明朗。雨终于停下来了，顾不了满地泥泞，也顾不了奶奶的叮咛，挎着竹篮，呼朋唤友，出去捡地皮菜了。

地皮菜，本地人也叫地衣、地米，经过雨水浸泡，在野外的杂草根下抑或空地上慢慢舒张开身姿，变成湿润肥厚的黑绿色，如一朵朵木耳勾住人的眼球。有时连下几天雨，在空地上，在小草丛中，胖墩墩的地衣可信手捡起。孩子的眼睛是敏锐的，在田埂间，在锄过草的土垅上，在树林

地　米

里走上一圈，随手就把一朵朵的地皮菜捡到了竹篮里，捡满了，今天家家户户的饭桌上就多了一碗下饭菜。

每次，孩子们把拾来的地皮菜交到奶奶们的手上，她们细心地挑出杂草，用水浸泡，以清除泥沙。会讲古经的奶奶边拾掇边戏谑地讲起故事来：天上雷公悲悯人间百姓之苦，每天把洗脚水往人间倒，雷公的脚屑污垢也被倾倒下来，变成了地衣，供给百姓食用。孩子听了，不免会嫌弃起这至轻至贱的地衣来，不愿意再去捡拾雷公的“脚垢”了。可是奶奶说：这可是神仙赠给老百姓的宝物呢，这是雷公赐予百姓的美食呢。

其实，地皮菜是真菌和藻类的结合体，富含蛋白质、多种纤维素和磷、锌、钙等矿物质，有降脂明目、清热降火的功效。地皮菜最传统的做法就是与腌菜放在一起爆炒，几分钟一盘地皮炒小腌菜就能端上桌，地皮菜的鲜与小腌菜的咸充分融合在一起，变成一道下饭菜。

现在村里的年轻媳妇们讲究营养，地皮炒小腌菜只偶尔吃一下解解馋，她们最爱的还是地皮鸡蛋饼：把鸡蛋打入碗中，地皮菜切成碎碎的，放入鸡蛋里，“哒哒哒”用筷子把它们打散相融，让鸡蛋液包裹着地皮碎。等锅里油热，“滋啦”一声，倒入油锅，一面煎黄，翻过来再煎另一面，待两面都煎黄，起锅，匀匀地摊入在盘内，金黄的蛋，墨绿的地皮，单看这颜色，就满口生津了。

有时候，馋嘴的孩子央求母亲做包子吃。手巧的妈妈先把面揉好，让它慢慢发酵，上街称上一斤肥瘦相宜的猪肉，与地皮菜一起剁成馅，再加点切碎的小葱，打入一只鸡蛋，加上调味料，做成包子。等到包子蒸熟出锅，夹一只，一口咬下去，满口清香，唇边流油，肉与地皮菜做成的馅儿，滑中带爽，油而不腻，山野之中的地皮菜几乎通过这小小的包子而成就了一次味道的升华。

蒋山地区，东面有群山遮挡，西面有固城湖的潮湿水汽氤氲，相对日照时间短，空气较为湿润，不但适宜野山菇的生长，地皮菜更是随处可见。如逢梅雨季节或是秋雨潇潇时，蒋山的山沟、坡地、旷野都能看到一嘟噜一嘟噜的地皮菜，蒋山人会捡拾许多，吃不完，就洗净藏在冰箱里备着，一年四季都能解馋。

游客来蒋山村看山看水，看历史传说，别忘了品尝一下营养丰富的地皮菜，享受一下属于农人的美味。

枯草中的地米

乌 饭

——满载孝文化的食品

蒋山村东面靠山，西面临湖，野生食材颇多，一年四季都有吃不完的野味、享不尽的美食。初夏季节的山野之上，除了野生蘑菇之外，还有一种生长在山中的灌木——乌饭树。江南地区，都有四月初八吃乌饭的习俗，这缘于一个感人的孝道故事。

传说佛陀十大弟子之一的目连，他的母亲一日三餐无肉不欢，在家时，目连常常劝阻母亲少造杀业，母亲表面答应，却乘他不在家时宰杀牲畜家禽，大快朵颐，吃完的牲畜家禽骨头堆在后花园成一座小山。目连母亲死后，因造恶业太重，被打入阿鼻地狱。

目连修行得道后，有次打坐时思念起母亲，想到母亲在世之时贪、瞋、痴的三项行为俱有，对人处事都有不好的举止，他非常担心母亲。入定后，他看到母亲在饥饿道里受着苦业，愁容满面，泪水涟涟，饥饿正煎熬着她。身为孝子的目连费尽周折，求得恩准为母亲送饭。但他送去的饭，母亲根本就吃不到，一路上被饿鬼狱卒一抢而空，母亲还是受着饥饿折磨。目连心急如焚，不知如何是好。

一日，他不经意间在山中随手摘下身边矮树上的叶子，放入嘴中无聊地咀嚼起来，发现这种树叶竟然香润可口，叶汁乌黑，把嘴唇都染黑了。目连不由心生一计，采摘了些树叶回家捣碎取汁，用汁浸米，再用汁水烧饭，烧出的米饭乌黑发亮，有阵阵清香。他把米饭搓成一团团的，饿鬼狱卒看到乌黑的饭团，不知其为何物，不敢尝食。目连终于将饭送至母亲处，让母亲不再挨饿。目连又为母亲造福，最终救母脱离了饿鬼道。目连发现乌饭叶的那一天，据说是农历四月初八，后人为了褒扬目连的一片孝心，每年都在这一天烧乌饭吃，来纪念这位救母的孝子。

乌饭叶（南烛叶）

动人的传说在最朴素的生活中留下痕迹，目连的这碗乌饭，被蒋山村民们沿承至今。

农历四月左右，满山里的乌饭树发芽长叶，摘采一些肥厚的叶子，清洗掉灰尘，浸泡在盆内。拿出石臼，把乌饭叶放入，石锤咚咚，一声又一声，青绿的叶被捣出绿黑的汁水，将汁水取出，把淘洗好的糯米浸入汁水中。米粒被浸成了油光发亮的黑色后就下锅或蒸或煮，待到乌饭烧熟时，乌饭的那种特有的清香就四溢开来，连空气也是清香的。旧时人们盛上一碗乌黑发亮的乌饭，配上白糖，端在手里，色香味一应俱全，几乎不需要什么小菜，就能够大口地吃起来。若慢慢地咀嚼品味，其入口之绵软香甜，让人回味久远。现在，也有聪慧的主妇把乌饭配一些咸菜，包上一根油条，或者沾一些喷香的桂花糖做成乌饭团，一顿营养早餐就速成了，也让舌尖多了一种味道。

“岂无青精饭，令我益颜色”，当年诗圣老杜赞美乌饭能养生，而在众多医家名著中也有记载乌饭的功效。李时珍在《本草纲目》中说“此饭乃仙家服食之法”，记载称乌饭叶的学名为南烛叶，是一种中药

乌 饭

材，有“止泄除睡，强筋益气力”功效，常吃此饭，对肠胃虚弱的人群有很好的疗效。

四月的蒋山村，野花盛放，湖水清澈，乌饭飘香，为父母献上一碗乌饭，感受一下孝道之仪，品味一下山野之馈赠，实在是不错的选择。

蒋山周边的金山、九龙山、大小花山都有乌饭树，不少蒋山的妇女从乌饭树抽枝发芽就开始采摘树叶，一直到入秋，蒋山都能闻到乌饭的香味。一年中的初夏时节，乌饭树长势最盛，有的人家自己吃不完，就把乌饭叶运到高淳去卖，于是，一城都浸在乌饭的清香里了。

芦　笋

——蒋山农业转型的壮举

走在蒋山村整洁干净的村道上，几十个塑料大棚很是抢眼。走近一看，大棚里栽种着一种绿色植物，有些已展开了枝，很像以前农人们在门前地头种的扫帚草。怎么把扫帚草种到了田地里呢？蒋山村人会指着土垅上从土里刚冒出来的嫩茎告诉你——这是芦笋。在蒋山村，人们已把它作为产业，大量种植。这不仅给蒋山村带来了餐桌上的一道营养美味之菜肴，还带给了蒋山村人可观的经济收入。

芦笋是怎样成了蒋山村的美食呢？这不得不提到蒋山村的村党支部书记何腊保。

大棚中的芦笋

蒋山村地处高淳最南端，与安徽毗邻，交通闭塞，村上的青壮年都想外出打工。何书记上任后，先把通往外界的乡村小路修成可以通车的柏油公路，挖掘蒋山村的文化历史，打造最美丽乡村，宜居乡村，让外面的人走进来。他又想到要把在外打工的青壮年吸引回村创业，让村子充满年轻的活力，他四处寻找适合蒋山村的农业项目，远赴浙江长兴考察，发现长兴的芦笋产业也适合蒋山村。

打听到芦笋的故乡在山东曹县，何书记跑到那里去取经，参观完合作社，又走进芦笋养殖户家里，从种子的选购，到下种、育苗，再到施肥养护……事无巨细，用了一个多星期的时间学习记录。回到蒋山村，他立即引进芦笋种植。为了搭建高效设施农业大棚，何书记到各个部门寻求支持，四处奔波以后终于寻找到了项目资金，使芦笋在蒋山村“安家落户”。何书记长期的操劳引起了身体不适，并住院治疗，但芦笋的种植期是关键，他偷偷出院，虽无法下地，却还搬张凳子坐在地头及时指导。在何书记的大力引导与身体力行下，蒋山的芦笋产业发展起来了。

实施农业转型发展，其实也是很多村子老百姓的追求。蒋山村种植、养护芦笋都需要劳力，村上闲置的村民纷纷出来务工挣钱，白天在家门口打工，晚上学学跳舞，聊聊生产，东家长西家短的流言变少了，邻里间鸡毛蒜皮的争吵没有了。村民们渐渐有钱花了，村庄打造得越来越美了，村民的笑容也越来越灿烂了。慢慢地，在外打工的村民们看到村上的变化，陆续也有人回村创业，又带动了村庄的活力。在蒋山，小小芦笋，功不可没啊。

芦笋号称“蔬菜之王”，富含天冬酰胺和微量元素硒、钼、铬、锰等，具有调节机体代谢、提高身体免疫力的功效。据说，常食芦笋可以起到防癌抗癌的作用。芦笋食药同源，吃法众多。

芦笋

最常见的要算清炒芦笋了。剥好蒜，把蒜切成片，芦笋斜切成段，热油下锅爆炒，加点生抽，加点盐，起锅。

芦笋绿油油，蒜片白嫩嫩，锅是农家锅，油是自家菜籽油，一盘菜，原汁原味，尝一口，营养与美味共存。

喜欢肉食的，那就来一盘肉片炒芦笋吧。肥瘦相宜的肉切成薄薄的片，在水淀粉里过一下，放锅中炒到肉片变色，再放入芦笋段翻炒，肉香混合着芦笋清香，油光发亮的肉炒芦笋让人眼前一亮。清袁枚著《随园食单》中强调菜肴配搭“须使清者配清，浓者配浓，柔者配柔，刚者配刚，方有和合之妙”，这肉片与芦笋的搭配，可谓味在其中，相互呼应。

更有喜欢创新的，会做一盘培根卷芦笋，把芦笋用开水焯熟，卷入培根中，又成一道新式菜肴；还有把在固城湖里刚刚捞上来的湖虾剥成虾仁与之混炒，鲜虾与芦笋又做成了一道蒋山村的特色菜。

炒芦笋

随着芦笋产业在蒋山村的深入发展，也许不久的将来，芦笋不单单是一道餐桌上的菜，还会成为更广泛的食品。我们到蒋山村旅游，或许会看到芦笋饮料、芦笋茶、芦笋罐头……

蒋山村是个有梦、圆梦的地方，芦笋的各种产品和衍生品一定不仅仅是个期待。

野山菇

——山里人家的美味

蒋山村西临固城湖，东南山脉相连，青翠逼人。山水灵气兼得的蒋山人，湖鲜山珍吃个遍，野生蘑菇就是其中的一种山珍。

蒋山周边的群山中植被最多为松树，林中多灌木草丛，春夏之交和秋末冬初之时，天气多变，雨水充沛，悄悄地，那些可爱的茅草菇（学名：松乳菇）钻出了润湿的泥土，在松林地的茅草里偷偷撑起小伞，支起胖胖矮矮的身躯，一群群聚集。有意思的是，农历九月至十月生长的茅草菇称之为“雁来蕈”，说是此时大雁过往。而农历二月至三月生长的直接叫“茅草蕈”。论颜色，两者在伞背面的褶皱里都有或多或少的蓝色；论滋味，“雁来蕈”最佳，味道更鲜美，香味更浓。

野山菇

雨过天晴的日子，村中的妇女、孩子拎着竹篮子走向山林，赴一场迷人的采摘盛会——聪明的妇人与孩子脑中总会有一张采蘑菇的秘密路线图。按图索骥，拨开厚厚的松针叶，那肥厚的菌子调皮地钻入眼底。有时在你搜索无果时，一株色泽如枯松针的“雁来蕈”突然冒出来，让你兴奋不已。这些菌子群居而生，有经验者说是有“蕈门”，会循着蕈面的小豁口找下去，找到一株，那就在附近慢慢采吧，有时真的会一株后面接一株，大的有茶碗盖那么大，小的如纽扣一般，灰白色抑或黄如南瓜色，散落在茅草和松针间。它们擎着小伞，安然而自在。采摘的人一次次发出惊喜的叫声，篮子越来越沉，带着一身的松林清香，拎着一篮大自然之馈赠回到村中，孩子们向大人炫耀成果，妇人们则“洗手作羹汤”……

野菇炖肉

采摘回来的茅草菇抑或“雁来蕈”被巧妇们挑拣出来，仔细清洗，切上一些肉片，锅内淋上香油，把半精带肥的肉片放在锅里炸香，再把菇放入翻炒一下，加点酱油，撒一点盐增味，添上一勺水，盖上锅盖，不一会儿一碗红烧肉片炒蘑菇就出锅了。肉的肥厚，菇的鲜嫩，合在一起就是一道佳肴。没有肉，也没关系，拿出村口捞的胖豆腐，门前挖的春笋，细细切成丝，与茅草菇放在一起慢火煨炖，不一会儿，一碗鲜美无比的三鲜汤就摆上了八仙桌。专属于这种野菇的香味溢出来，穿过厨房，飘过堂屋，向村庄里四散开来，满村异香。夕阳下，在农田里劳作了一天回家的男人们吃一碗这样的美味，他们咀嚼着鲜美的菜肴，其实也是咀嚼着美好的生活。

一时吃不完的茅草菇或“雁来蕈”在太阳底下曝晒成干货，留待着在漫天飞雪的寒冬里煲一锅鲜美的菌菇汤“小锅子”：冻麻了的胖豆腐，几片腊肉，一把山芋粉丝，还有刚刚从雪地里挑出的嫩绿菠菜，满眼色彩，异香扑鼻。热乎乎的汤，舀上一勺喝下去，把一冬的寒冷都驱赶而尽，却让一锅的鲜味在舌尖流转。于是，无聊的日子顿时变得活色生香，有滋有味。

蒋山这边还有一种野生蘑菇是长在枯干的杨柳枝干上的，当地人叫

杨树蕈

“杨树蕈”，白白胖胖，一圈圈、一簇簇群生在一起，煞是可爱。主妇们去地里劳作之时，看到杨柳树上长成的“杨树蕈”，回家时就顺手摘一些。到了家里，在墙角的鸡窝里摸上一两个鸡蛋，做成鸡蛋蕈子汤，那么，美味的下饭菜就有了。据说，新鲜的“杨树蕈”炖冰糖还能治干燥后嗓子发毛引起的暴咳哩。

大自然的无私馈赠，经由勤劳质朴的蒋山村人融汇于美味的菜肴里，人们在人间烟火中用心感受着它原生态的滋味。这，也许就是蒋山村人谦和而快乐的缘由吧。

蒋山春茶

——蕴涵山水灵气的佳茗

蒋山村依山傍湖，物产丰富，山珍水鲜，名闻遐迩。蒋山的茶，采集天地精华，饱含山水灵气，尤其是春茶，抑或“雨前茶”，色泽纯正，撮一小把入得水中，一“枪”一“旗”，翻滚下沉，渐渐水色泛绿，清香四溢，轻轻呷一口，舌底生津，倍觉神清气爽，其色、香、味，被品茗方家称赏。

大凡爱好喝茶的人都对新茶保管极为考究，究其原因，皆说茶叶“好色”，即茶叶“近墨者黑”，最易沾染上别的杂味。经过炒、揉、烤、焙，不曾失去灵气的茶叶是如此，那生机蓬勃的茶树，对气候、土壤及周边环境自然也极为讲究。

蒋山春茶

山清水秀的蒋山村，东部有大小花山、九龙山、金山、蒋山组成一道天然屏障，太阳东升被群山挡住，西边临湖因光照，蒸腾的水汽弥漫茶园。由于雾气足、日照时间相对短，蒋山茶树的叶片厚、酽汁多，如果再浸染些果树的花香，那制成的新茶，其品质之优就可想而知了。

历史上，渔樵文化、农耕文化并存的蒋山地区（以前称花山地区）并不产茶，在温饱尚难以保证的旧时代，喝茶是一种奢侈。偶有注重喝茶的人家，只是向外购买些许。普通人家喝茶的，往往在雀梅长得茂盛但又不曾开花的仲春时分，采来嫩雀梅叶在铁锅里焙干成“茶叶”，烧一大盆开水，抓上一把撒在里面，口渴了，就用粗瓷碗舀上一碗。如遇麦收时节，渴极了的男人们从田头地垄回来，会端起盆来“咕嘟咕嘟”地喝一饱，只为解渴，哪里辨什么滋味？哪里又有什么好滋味可品？除了雀梅，村里人家也有用鲜嫩的雄枣树（结枣不多的枣树）叶子泡茶的，也是聊胜于无。

能称得上规模种茶的是20世纪70年代末期，蒋山和高淳很多地区一样，受高淳青山茶场的影响开始种植茶树。当时蒋山村为蒋山大队，属下有副业队，为发展经济，沿机耕路两侧的小土丘辟出二百多亩土地种植茶树。开春后，先是在空旷的地垄上挖出宽1米许、深1.5米的沟，再在沟内填上发酵过的猪囤灰、草木灰、磷肥等基肥和松土，撒下茶树种子，壅土、浇水。苗出土后，在第二年的春天，茶苗坐宕，视疏密情况间苗一次。经过精心的侍弄，绿油油的茶树就纷纷长起来了。

品尝过一两茬新茶后，蒋山村人或自留茶果种子，或从外地弄来更好的茶树品种进行播种。到80年代末，蒋山村几乎每家每户都在自家承包的零散地种上了茶，有的甚至在蒋山、金山、花山等山脚下垦荒种茶。一到产茶季节，家家灯火通明，户户拣茶制茶，整个村子都浸润在茶香里了。

茶厂一般是机器制茶，蒋山农户制茶是纯手工。将采来的茶叶倒在竹筛子里，拣去采茶时顺进去的老叶小枝，有的制“碧螺春”还得专门留清一色的“一尖一叶”。制茶通常分四步：先是净手将茶叶在滚烫的铁锅里翻炒，谓之“杀青”；待茶叶绵软、出汁，有粘手感时，就得起锅搓揉“旋螺”；之后，再将茶叶重新放入铁锅，制茶人带上干净的手套，温火不停地翻焙茶叶；最后文火“上霜”（茶叶有些许的霜色）才起锅冷却包装。现在蒋山制茶的方式也渐渐多样化了，茶叶的品质与制茶的效率都进一步提高。

休闲品茗，让生活慢下来，已成为现代人的一种时尚。渐渐地，蒋山人也爱上了喝茶。现在的蒋山茶品种多了起来，除了有几十年历史的“碧螺春”绿茶外，新近开发了白茶、金桑条、野茶。金桑条茶是山上长的一种野生茶，如乌饭树般杂生在山中，蒋山人就从山上挖来小金桑条树苗成块移栽，据说金桑条茶不但好喝，还能降“三高”呢。野茶其实就是野生的绿茶，是鸟衔了茶树果或吃了茶树果后散落在山上的，那茶纯天然，就凭旺盛的生命力生长在草丛中、岩石间。春季发叶时，蒋山人就在布满荆棘的山中采摘野茶，其茶，制好以后泡上一杯，特香。

“蜀土茶称圣，蒙山味独珍”，说的是四川蒙顶山的优质绿茶。蒋山茶虽不比蒙山茶，但在闲暇时光，泡上一杯蒋山农家特制的新茶，又何尝不是一种美美的享受呢?

蒋山春茶

汪家垄的老枣树

——飘满枝头的甜香

高淳的山乡村庄，大多绿树掩映，橘树、桃树、梨树司空见惯，杏子、李子、柿子、石榴也随处可见；但枣树相对不多，粗大、年久的老枣树更是少之又少。蒋山村的汪家垄却是个特例，枣树不但多，而且粗壮高大，树龄在五十年以上的比比皆是。走在汪家垄，不经意间，或许就有一棵老枣树撑开华盖站立在路旁对你招手，或是在拐角处含笑相迎。不大的村子，沿垄背两边散落的几十户人家，家家的屋前院后少不了枣树，目力所及，七八棵算少。

春天来了，春花绽开，不久，桃李挂果。这时，汪家垄的老枣树高高的枝头绽出了点点新绿，可能是枣树积蓄了一冬的力量后找到泄口，只几天，枣树老枝上抽出的嫩条就有数寸长。还没等你细看，十几片牛眼大小的叶子就沿着新枝左一片、右一片，有规律地排

老枣树

开，随即满树的叶子就在风中招展了。入夏，气温骤升，枣树叶子在阳光下油亮亮的，招人喜欢。细小嫩黄呈五星状的枣花，偷偷地在新枝的叶柄间冒出来，偶有米粒大的小枣羞答答地在叶间向外张望。四夏大忙，汪家垄看不到一个闲人。就在人们无暇顾及中，成串的挂在枣树枝头的米枣吸足了阳光和雨水，竞相生长。枣子先是韭菜青，再是禾苗绿，伴着一声声知了叫，枣子逐渐变得肥硕，颜色也由绿泛白。随着酷暑消退，秋天来临，枣子一颗颗由菜帮白变成籼米黄，一串串压弯枝头。

枣子红了

“七月枣，八月梨”。不到农历七月，泛黄的犹如一块块老玉般温润的肥嘟嘟的枣子间，冷不丁地发现一颗泛红的新枣，你一定会心动。这时，你就能用长竹篙瞄准好打下来，送嘴里一咬，嘣脆、鲜甜。几场秋风一吹，老枣树下就能捡拾到红枣子了。这当儿，抬头看树上的枣子像变了戏法似的，有黄里泛红的，有一半黄一半红的，有遍体通红的，一颗颗玛瑙般诱人。接下来，足足有半个多月，枣树枝头飘满甜香，整个汪家垄连风都是香的。“摇枣子了！”随着吆喝声，一阵阵“枣子雨”让汪家垄的孩子们乐得欢蹦乱跳。枣子摇落后，秋风就殷勤地把一片片枣叶吹落。刚刚入冬，一棵棵老枣树就掉光了叶子，早早地又去积蓄力量了。这时的枣树看上去树干斑驳龟裂，枝桠苍老遒劲，在寒风里很是伟岸、坦然、倔强。要是雪来得早，积雪压在深褐色的有些曲折但有力的枣树枝干上，再美的水墨画也无法与之媲美。

枣树一身是宝。枣树的根、茎、叶、花、果，大多能入药。初夏，汪家垄人会搞些枣树的嫩叶制茶，夏收夏种时，抓一把放在脸盆里，倒一壶开水泡着，干活回来，就可舀几碗“咕嘟咕嘟”解渴。老枣树的根部每年都会长出一茬小枣树苗，或许是小苗的一种自护方式，小枣树都长有半寸长的刺，要是哪家孩子长个疖子什么的，汪家垄人就会掰一根硬刺，轻轻扎破疖子，放出脓血，老农说既方便又卫生、安全。每年的油菜花一谢，精明的养蜂人会赶来汪家垄放蜂采蜜，据说是枣树花蜜特优质。没成熟的青枣是天然的腹泻药，治便秘、肠梗特灵。抓一把青枣生吃，接着喝几口温水，不一会儿就会动肚。成熟的米枣生吃、煮熟吃都很好吃。枣收获多了，一下子吃不完，很多人家将枣烧熟在太阳下曝晒成干红枣，就可以长期贮存着吃了。枣树与一些花果树比，生长速度慢，有质地硬、肌理细腻的特点。有时为了挪个宅基地或辟个菜园子，将老枣树砍倒一棵，树干锯成板材做家具，不但经久耐用，而且那难得的枣红色可与红木乱真哩。

汪家垄人对枣树情有独钟，这不仅仅是枣树的食用、药用、家用等价值所致，更重要的是他们对枣树有一种感恩的情怀。家谱记载，汪家垄人祖上一百五十年前从湖北迁来。当年，兵荒马乱，又得长途跋涉，临行时，老家的族长就在去外流的游子怀里揣上一把红枣。路上饿了，就吃上一粒；想家了，就咬上一小口。他们吃着枣子（早子），想到亲人的关怀和祈盼，牢记着家族艰苦创业、耕读传家的家风。渐渐地，汪家垄人爱枣树、植枣树、护枣树。枣树不怕干旱、不怕风雨，扎泥土、献甜香，伟岸挺拔、绳绳继继，成了汪家垄人的精神象征。由此，汪家垄的老枣树也似乎多了灵性。20世纪70年代末，遇大旱，汪家垄的枣子却结得特别多。干旱是少有的“大伏连秋，干煞泥鳅”。汪家垄人就挑上一担担枣子，过狸桥，经十里长山，到“金宝圩”换粮度饥荒。难怪不少人家至今还为老枣树扎上红布条，以示感恩、敬仰。

现在的汪家垄，鲜花遍地，果树护庄，绿荫照水，篱笆围院。家家垃圾分类，文明时尚，老少幸福，户户小康。但只要你驻足留心，一棵棵老枣树仿佛会对你眨着眼，就会勾起游人的离愁和思乡。

汪家垄老枣树，那理不清的情愫，那拂不去的甜香……

蒋山村的“文化表白”

今天，他们终于学会了“文化表白”。

三五年前，即使是南京市高淳区本地人，也没几个知道“蒋山”这一小山村。近几年，蒋山风生水起，大有成为当地“头牌”的气势。这固然得益于村里大力发展高效设施农业，使原来的经济薄弱村连续两年跻身南京百强村，但更得益于蒋山村独特的自然条件和遍布的人文古迹。山水人文一直存在，浪漫传说从未走远，蒋山之所以终被外界所知，是因其学会了“文化表白”，进而赋予更广阔的发展空间。

散乱的历史遗存

蒋山村地处高淳区固城镇南部，与安徽宣城狸桥镇相毗邻，典型的吴头楚尾之地。烟波浩渺的固城湖畔，7个自然村落和几座苍翠的小山头，梅雨时节雨幕轻笼，如在画中。

春秋时期的传说、汉代的墓葬、唐朝的驿道、南宋的祠堂、清朝的民居、梁祝式的凄美爱情佳话、穿越式的人鬼情未了怪谈，竟然集聚在方圆仅4平方公里的蒋山村。山山水水，一步一故事。

被韩国学术界尊奉为韩国汉文学开山鼻祖的崔致远，于唐咸通七年（866）从新罗到中国求学，公元874年参加科举考试并一举及第，后被派任溧水县尉（当时高淳属溧水管辖）。期间，他巡游到花山地区，得知驿道附近有古迹“双女坟”，乃二女皆因婚姻不能遂愿而双双自尽、死后同埋的墓穴，便去凭吊，并在墓门题诗“谁家二女此遗坟，寂寂泉扃几怨春。形影空留溪畔月，姓名难问冢头尘。芳情倘许通幽梦，永夜何妨慰旅人。孤馆若逢云雨会，与君继赋洛川神”。是夜，梦见二女翩翩而至，感谢他题诗寄情。崔致远不胜欣喜，捧出佳肴美酒，邀其痛饮畅叙。一觉醒来，崔致远颇

记者观察·一个小山村的文化觉醒

蒋山村的“文化表白”

■本刊记者 朱旭东

今天，他们终于学会了“文化表白”。

三五年前，即使是南京市高淳区本地人，也没几个知道“蒋山”这一小山村。近几年，蒋山风生水起，大有成为当地“头牌”的气势。这固然得益于村里大力发展高效设施农业，使原来的经济薄弱村连续两年跻身南京百强村，但更得益于蒋山村独特的自然条件和遍布的人文古迹，山水人文一直存在，浪漫传说从未走远，蒋山之所以终被外界所知，是因其学会了“文化表白”，进而赋予其更广阔的发展空间。

散乱的历史遗存

蒋山村地处高淳区固城镇南部，与安徽宣城狸桥镇相毗邻，典型的吴头楚尾之地。烟波浩渺的固城湖畔，7个自然村落和几座苍翠的小山头，梅雨时节雨幕轻笼，如在画中。

春秋时期的传说、汉代的墓葬、唐朝的驿道、南宋的祠堂、清朝的民居、梁祝式的凄美爱情佳话、穿越式的人鬼情未了怪谈，竟然集聚在方圆仅4平方公里的蒋山村。山山水水，一步一故事。

被韩国学术界尊奉为韩国汉文学开山鼻祖的崔致远，于唐咸通七年从新罗到中国求学，公元874年参加科举考试并一举及第，后被派任溧水县尉（当时高淳属溧水管辖）。期间，他巡游到花山地区，得知驿道附近有古迹“双女坟”，乃二女皆因婚姻不能遂愿而双双自尽，死后同埋的墓穴，便去凭吊，并在墓门题诗“谁家二女此遗坟，寂寂泉扃几怨春。形影空留溪畔月，姓名难问冢头尘。芳情倘许通幽梦，永夜何妨慰旅人。孤馆若逢云雨会，与君继赋洛川神。”是夜，梦见二女翩翩而至，感谢他题诗寄情。崔致远不胜欣喜，摆出佳肴美酒，邀其痛饮畅叙。一觉醒来，崔致远颇感惊异，遂作长诗《双女坟》追记梦中情景。由于梦境真切，相思难尽，又写出长文《仙女红袋》，此文后被收入韩国古典名著《新罗殊异记》，广为流传。

“这些年，每年都有不少韩国人来祭拜双女坟，他们都是崔致远的后人。”蒋山村党支部书记何腊保说，以往他们只知道双女坟在花山地区，却不知道双女坟就在蒋山村。

双女坟犹在，古驿道亦存。如今，人们偶尔还能在古驿道上捡到一些说不准朝代的碎石片瓦，但古驿站已经湮没于历史年轮下，被杂草所替代。蒋山人决定择机在遗址上修建驿站，供人怀古思今。但目前，他们的首要任务，是全力修缮何氏宗祠。

据资料记载，何氏宗祠始建于南宋，距今有近800年历史，坐北朝南，原三进，现仅存门楼、照墙及后进。这座建筑人为破坏严重，保留下来的照壁、砖雕都曾被砸坏。直到2012年，何氏宗祠被定为南京市文物保护单位，第二年经族人发起维修，才逐步得到修缮，新辟碑廊、家训堂等，成为族人缅怀先祖、弘扬家风的精神家园。

记者在网上搜索到一组何氏宗祠的照片，摄于2009年11月，只见一片破败迹象，院子里杂草丛生，雕梁画栋上蛛网密布，历史的沧桑和人为的忽视，一目了然。“往事不堪回首。”52岁的村民何庚荣说。

尽管何氏宗祠修缮较为顺利，还是留下了不少遗憾。最大的遗憾，莫过于文物单位把宗祠的建设年代弄错了。被定为南京市文物保护单位后，何氏宗祠门口立起了一块石碑，背面的文化遗产解读，表述为“该建筑始建于清”。“明明始建于南宋，毁于元朝，修复于清朝。”何庚荣说，何氏宗祠由南宋时期的族人建设，供奉先祖何执中（曾任北宋徽宗时宰相）和其孙何文忠（曾任南宋枢密使），“我们的家族史上都有记载，真不知道文保单位是怎么立的碑？怎么就弄成了‘始建于清’？”

56　　57

蒋山村的“文化表白”

感惊异，遂作长诗《双女坟》追记梦中情景。由于梦境真切，相思难尽，又写出长文《仙女红袋》，此文后被收入韩国古典名著《新罗殊异记》，广为流传。

“这些年，每年都有不少韩国人来祭拜双女坟，他们都是崔致远的后人。”蒋山村党支部书记何腊保说，以往他们只知道双女坟在花山地区，却不知道双女坟就在蒋山村。

双女坟犹在，古驿道亦存。如今，人们偶尔还能在古驿道上捡到一些说不准朝代的碎石片瓦，但古驿站已经湮没于历史年轮下，被杂草所替代。蒋山人决定择机在遗址上修建驿站，供人怀古思今。但目前，他们的首要任务，是全力修缮何氏宗祠。

据资料记载，何氏宗祠始建于南宋，距今有近800年历史，坐北朝南，原三进，现仅存门楼、照墙及后进。这座建筑人为破坏严重，保留下来的照壁、砖雕都曾被砸坏。直到2012年，何氏宗祠被定为南京市文物保护单位，第二年经族人发起维修，才逐步得到修缮，新辟碑廊、家训堂等，成为族人缅怀先祖、弘扬家风的精神家园。

记者在网上搜索到一组何氏宗祠的照片，摄于2009年11月，只见一片破败迹象，院子里杂草丛生，雕梁画栋上蛛网密布，历史的沧桑和人为的忽视，一目了然。“往事不堪回首。”52岁的村民何庚荣说。

尽管何氏宗祠修缮较为顺利，还是留下了不少遗憾。最大的遗憾，莫过于文物单位把宗祠的建设年代弄错了。被定为南京市文物保护单位后，何氏宗祠门口立起了一块石碑，背面的文化遗产解读，表述为“该建筑始建于清”。“明明始建于南宋，毁于元朝，修复于清朝。”何庚荣说，何氏宗祠由南宋时期的族人建设，供奉先祖何执中（曾任北宋徽宗时宰相）和其孙何文忠（曾任南宋枢密使），“我们的家族史上都有记载，怎么弄成了‘始建于清’？”

何庚荣的使命

何庚荣原来是蒋山村小学的老师，2014年7月被借调到村委会，主要工作就是收集挖掘蒋山的各种文化资源。不到一年的时间，何庚荣就收获颇丰。

“蒋山是高淳乃至南京非物质文化遗产的富矿区。”何庚荣说，蒋山吴家自然村的“武五猖”和“十番锣鼓”，都由区文化部门申报了市级非遗，“打莲香”这一传统的民俗文化表演也在挖掘和打造中。申报国家级非物质文化遗产的高淳话，在蒋山地段的口语中保留得最为正宗，而以高淳话演唱的民歌民谣，如《五月插秧》《风筝记》《十二月探花》和各种山歌、夯调正在收集整理，《凤凰塑》《白水为界》等一大批民间故事和传说，也在不断浮出水面。

是的，所有这些，都散落在方圆仅4平方公里的蒋山村范围内。跟着何庚荣在7个自然村转悠，随着他四处指指点点，记者仿佛听到先民们正唱着民歌民谣，民间故事和各种传说也在山水间若隐若现。蒋山村给记者带来的惊讶，远不止这些。

蒋山村有市区级文物保护单位5处，分别是市级的“双女坟”“何氏宗祠”，区级的“保贤局”“李氏宗祠”“吴氏宗祠”。何庚荣说，崔致远因“双女坟”写下《仙女红袋》，创造了早于《聊斋》数百年的人鬼、人仙旖旎哀婉的爱情故事，而且成为中韩文化交流的桥梁，“挖掘利用这一特殊文物景点，具有现实意义和深远的历史意义”。

但是，何庚荣发现，有关部门在对待“双女坟”上，有些地方很不严谨。原来，2006年双女坟前曾立了一块“李家村失考碑”，表明这处文物无法考证，但又于2012年再立一块“南京市重点文物保护单位”。“既然如此，那块‘失考碑’就没必要存在了，会产生歧义，也会让别人糊涂。”

上述错误，与有关部门将何氏宗祠表述为“该建筑始建于清”一样，何庚荣和蒋山村都没办法去更正，只能不断将意见往上反映。但对于何氏宗祠里的人物故事，作为何氏后代，何庚荣较起了真。

修缮后的何氏宗祠内，陈列着11位何姓先贤的故事。何庚荣翻阅族谱发现，其中有3人并不属于他们这一族系。在他的坚持下，在介绍何氏宗祠的家训堂的“前言”中，增加了这样一段话：“本堂除介绍了何氏家训家规和何氏家族渊源外，还介绍了一些何氏先贤率先垂范‘忠孝廉节’家训的感人故事。这些故事不管是发生在花山地区，还是在其他何氏聚集地，都是何氏先贤崇高品德的生动体现。”

“这是宗祠，必须对历史负责，这是很严肃的事。”何庚荣说。记者加了何庚荣的微信，他的微信名是“圆梦（守望）”。也许，这就是他的使命所在。

志存高远

何庚荣的空间，是村里给他创造的，也是村里需要的。何庚荣与何腊保同宗同族，是小学和初中同学，还是邻居，关系相当不错。“我想做的事，他都清楚。”何腊保说，自己放手让何庚荣在村里“折腾”，挖掘更多文化资源，是因为他想把蒋山打造成区里的乡风文明示范村。蒋山的未来，需要文化来“当家”。

蒋山的7个自然村，墙角、路边原来散落了不少石块，上面刻有各种花纹，不知是哪朝哪代的，日晒雨淋，鲜有人关注。细心的何腊保让人将这些石头暂时收藏在老年活动中心，实在搬不动的，就嘱咐村民“别弄丢了，将来有用”。“它们认识我，我却不认识它们。它们的故事，找谁讲？还真不知道。”对这些收集的石头，何庚荣一头雾水，只有其中一块大石头，他知道那是何家村三百条巷大门的门柱石。

“我们这里早先就有‘小小何家赛苏州’的说法，何家村有一条三百条巷，以前两边住了几百户人家，几乎是封闭的，盗匪进了巷子后，村民们就关上大门，从楼上往下砸盗匪，因此就有了‘三百条巷困匪’的说法。”何庚荣领着记者穿行于三百条巷，不胜感慨，“前几年这条巷子铺上了水泥路面，很多老石头都被水泥盖住了。”

何庚荣没有让何腊保失望。除了挖掘人文资源，收集大量面临消亡的故事和歌谣外，何庚荣还努力拉起了一个文艺表演队伍——蒋山村群众艺术团。艺术团现有40多名核心成员，排练出六七个比较成熟的节目，比如跳“武五猖”、打莲香、说唱“颂春”、打“十番锣鼓”、高淳民歌联唱等。

41岁的陆抱娣和44岁的陶三妹，都是艺术团的核心成员。“闲着也是闲着，权当锻炼身体。”陶三妹说，女子以打莲香、打十番锣鼓为主，男子跳“武五猖”时，她们也跟在后面打打旗，“能在舞台上表演，很有成就感。”

2015年春节后，艺术团参加了高淳区的民俗文化表演，12名群众演员、2名领队，表演一天每人给100元报酬。“以后的表演机会肯定更多，如果有劳务费，就更好了。”陶三妹说。

“随着这片热土的开发，村民们表演，肯定会有更多劳务费。”高淳区文明办主任马亦军对此深信不疑。3个月前，他就带队常驻蒋山，督促文明乡村建设，他的主要任务，是提炼蒋山村的文化内涵。“村民们不清楚村里有这么多文化资源，我们要挖掘、提炼，让村民们有认同感、归属感和自豪感。”马亦军说。

马亦军认为，蒋山文化的核心元素是“驿站文化”，因为这里自秦汉以来就建有一个古驿站——“招贤驿”，一条连接苏皖的古驿道穿村而过，所以有很多古代名人在这里驻足并留下丰富的文化遗产。在现代社会纷繁浮躁、节奏紧张的状态下，蒋山村凝结在秀丽山水间的优雅宁静、沉淀自历史长河的文脉古风，不正是人们向往的心灵驿站吗？

这些设想和规划，完全符合何腊保对蒋山村的期盼。“蒋山村走过了坚守阶段，绝对不搞工业，保持生态山水。目前是蓄势阶段，全力打造蒋山的文化。相信，蒋山的腾飞，不远了。”何腊保说。

记者 朱旭东

为什么轮到蒋山村

有山、有水、有历史、有人文，蒋山村“理直气壮”地步入了大众的视野，开始绽放异彩。在南京市高淳区，一些同样具有这类元素的村庄，缘何未能像蒋山这般“突出”？江山代有才人出，各领风骚几十年，机遇为何现在才眷顾这一偏远村庄？

一个人改变一个村

湖水清澈，水草摆动，鱼儿漫游，连螺蛳缓慢的挪动也清晰可见。栈桥远远地伸向湖中，等待游船靠岸。几名村民，在湖边悠闲垂钓。清晨在蒋山村何家港码头散步，能嗅到空气中水草的气息。走两步，手机收到短信——“江苏电信欢迎您”；再走两步，则是“安徽电信欢迎您”。

何家港，早在固城湖形成之初，就凭借水域开阔、水深埠高的优势，扼守着皖南进入江苏的一条主要商道。随着陆运的发展，固城湖的水运已悄然退出历史舞台。尤其随着地方重视固城湖的生态保护，沿湖排污得到控制，休渔也形成了制度。如今，这里建起了游船码头，而伴随蒋山的深度打造，何家港必将迎来新的发展和繁荣。

幸运女神从不眷顾一个毫无准备的人。何家港的新生，得益于蒋山的新生；蒋山的新生，则得益于蒋山人的不懈努力。

“二十世纪八九十年代，出租车也不愿载客到蒋山。为什么？蒋山人穷，下了车不给钱就走，要钱反倒被打。”51岁的村党支部书记何腊保，见证了那个年代。“蒋山人淳朴，但也彪悍，经常与邻村人发生争斗。”对于蒋山人曾经的短处，何腊保并不护短，因为，现在“民风大好”了。

何腊保退伍后下海创业，其名下的南京晨升环保材料科技有限公司，年产值上亿元。没任村支书之前，他每年都要捐资数十万元，用于村里的帮困、助学、环境改造等。

输血重要，但更重要的是造血。2010年，何腊保决定将公司交给女儿打理，参加蒋山村基层党组织公推直选。他深知蒋山与周边村的差距：田埂很窄，无法行车，农活只能靠手提肩扛；供电系统要改造，因为村里拿不出配套的“小工工资”（村民劳务费），供电公司将电线杆拉来后，只能再拉走；村里好不容易争取来的土地复垦项目，因为干群关系紧张，被迫中止……

为改变蒋山村，何腊保动了不少脑筋，也掏了不少真金白银。2010年6月10日就任村支书以来，他累计帮扶69户人家，而蒋山村一共才630户。何腊保进村第一件事，就是自掏30万元，把何家村中心位置的垃圾山改造成休闲广场。

垃圾山，只是一个小土丘，却是当地传说中凤凰歇脚的地方。多年无人管理，附近村民便在土丘上堆放杂物、乱扔垃圾，时间一长，便成了名副其实的垃圾山。“越臭，就越摔垃圾；摔的越多，就越臭。”家住附近的张三三嫁到蒋山20多年，常年被臭味困扰，苦不堪言，但也跟在别人后面摔垃圾。“多亏了何书记，不仅把垃圾运走了，还把这里打造成了风景。”

除了自掏腰包，何腊保也鼓动圈子里的其他老板掏钱。在他们的努力下，村里的道路通畅了，环境整洁了，村组干部队伍也由此带了出来。何腊保还组织党员学党章、学文件、重温入党誓词，并多次组织村组干部、党员代表外出参观红色景点、农业设施，党员们的积极性终于调动起来，村里开始大力发展高效设施农业，蒋山也因此连续两年成为南京市百强村。就这样，一个人带头，改变了一个村庄。

独特的资源禀赋

“又不缺钱，为什么回村里吃苦？”面对疑惑，何腊保说“想为家乡做点事”。

外人未必知道何腊保真实的想法，也许就是“想为家乡做点事”这么简单。无论如何，他已经掏出了真金白银、真情实感，而且，还一心想把蒋山村打造成一个“文化村”。就任村支书那年，他整理出蒋山村的“十大景观”，并将其印制成册，一有机会就向镇领导、县（当时为高淳县）领导“兜售”蒋山的独特。

“十大景观”开宗明义：蒋山村有山有水风景秀美，拥有5个市县级文物保护单位，在全县134个行政村中独一无二，且文化底蕴深厚，7个自然村中有4个具有千年历史，跳五猖、跑马灯、演社戏，远近闻名……生态旅游极富潜力。“十大景观”中，除双女坟、何氏宗祠外，还有“蒋山晴岚”的风景、“古庵神树”的奇观和建于明清的吴氏宗祠、建于清康熙年间的“圣德戏楼”，以及建于清末的慈善机构“保贤局”等。

为了呈现这些可视的“十大景观”，何腊保没少费心思，但很多历史典故、民间传说，在这一小册子中无法一一罗列。好在，有他这声“吆喝”，很多“有心人”开始关注，并逐渐认可蒋山村独具特色。高淳区最终决定，把蒋山村打造成“乡风文明示范村”，并由区文明办主任马亦军负责指导、规划蒋山的文化建设。

马亦军走进蒋山，像发现了一块梦寐以求的宝石般兴奋。“的确是个不错的坯子。”为此，他像着了迷一样村前村后跑。“有了美丽的物质家园，蒋山还要打造美丽的心灵家园。”目前，高淳区专门为蒋山村搭建了一个班子，由区规划局副局长带队，要将蒋山村打造成固城湖旅游度假区的子项目。

“何腊保的努力没有白费。”区委宣传部部长陈春花说，高淳近几年来一直在发展大旅游产业，这个子项目原来并没有确定放在哪个村，但蒋山的资源禀赋特别好，而且近两年村容村貌变化特别大，所以就“轮到了”蒋山。“机会总是眷顾有准备的人，蒋山村近几年一直在做准备。”

一场突如其来的暴雨，把在村里走访的记者和何庚荣“打”进了吴家村一户村民家。何庚荣是被村委会从村小借调过来的，专职挖掘蒋山各种文化资源。64岁的吴广林中午喝了点酒，正微红着脸与邻居摆龙门阵。独特的方言，记者一句也听不懂。村民家隔壁，就是被列为区级文物保护单位的吴氏宗祠。残垣破壁，在雨中更显沧桑。

“祠堂是我曾祖父时期，也就是清末修建的，50年前就开始破败了。”见记者关注吴氏祠堂，吴广林努力用普通话与记者对话。他是养螃蟹的，穷不了也富不了。“看着祠堂不断破败，心里很难受，但筹不到足够的钱。”吴广林叹了口气，“吴姓没有大老板。你看路家祠堂，就是村里五个路姓老板，每人出10万，然后村里路姓男丁人均1000元，已经筹集了60多万元，马上就可以修缮了。”

吴、路是吴家自然村的两大姓氏，村里有很多老房子。“如果有政策支持，我们吴家人也愿意出钱出力，修好自己的祠堂。”吴广林这句话显然不是对记者说的，他转向何庚荣，“姓吴的男丁，每人出2000元，怎么样？”其他几个吴姓村民也把目光转向何庚荣。

“是啊，村里这么多老房子。”何庚荣自言自语了一句，没有作答。

文化的“天眼”

蒋山的文化资源，远不止那“十大景观”。更多的传说、典故，仍在村民们的口口相传里，何庚荣便成了重要的搜集者和记录者。

“梁山伯与祝英台的故事原型，就在蒋山。”何庚荣说，且说出了他的依据。“华山畿，华山畿，君既为侬死，独生为谁施？欢若见怜时，棺木为侬开。”这是南朝乐府《华山畿》中的诗句，写的是华山附近一对青年男女的殉情悲剧。20世纪20年代学术界就有专家认为，《华山畿》是我国四大民间爱情传说之一“梁祝”的雏形。

一种说法认为华山是指今镇江新区姚桥镇的华山村，但胡适考证，《华山畿》源于高淳，“华山”即“花山”。“蒋山村就位于花山地区。”何庚荣说，村里老人至今还喜欢讲这一故事。

有双女坟的遗迹、有《华山畿》的传说，马亦军认为，蒋山村可在双女坟附近建设“蝴蝶梦爱情主题公园”，公园里建崔致远、《华山畿》、梁祝三座纪念碑，把这里打造成中国经典爱情故事的一块圣地……

“设想的确不错。”记者内心嘀咕着，眼前却闪过一个不太和谐的镜头，那是蒋山村的一个人造景观——飞来石。村里模仿科幻电影《阿凡达》的场景，在休闲广场南边的池塘里用空心柱子托起一块假山，通过四泄的水流掩盖柱子，让假山看上去仿佛是“飞来的”。记者很是奇怪：坐拥这么多文化风景，为何还要造此俗景？

文化的“天眼”终于开了，但记者直觉有一股冲劲在村里萌动，并渴望爆发。如果火候控制不好，很容易走火入魔——那块“飞来石”，就有点不伦不类。

马亦军则想到了另一个层面：蒋山村将来成为旅游热点，游客纷至沓来，村民们准备好了吗？“一些地方景色很美，游人如织，但时间一长服务能力可能跟不上，比如有的全国知名旅游景点，近几年常发生宰客现象，风景由此大打折扣。”马亦军认为，淳朴的民风，也需要与现代文明接轨。

这一点，何腊保似乎已经想到了。在新的村规民约中，他特意添加了“真诚、热情、讲诚信”。何腊保设想，餐饮服务全村统一经营、统一标价，哪家服务态度不好或者出现宰客现象，就取消哪家的经营资格。

餐饮，只能算销售好山好水好文化的补充。对青睐历史文化的游客来说，一个景区的文化元素和历史厚重度，才是最关键的。“飞来石”之流，是别处乡愁，不要也罢，不如就把蒋山的故事讲透讲好。

记者 朱旭东

蒋山村的文化觉醒：文化能当饭吃！

乘坐游艇从南京市高淳区老街码头出发，20多分钟便能抵达固城湖对岸的蒋山村何家港码头。这是高淳为发展大旅游而刻意开辟的一条水上通道。通道之下，沉睡着一座千年古城。明朝洪武年间，为保下游富庶的太湖地区免遭洪灾，朝廷下令在胥河上建起石闸，致使固城湖水位猛增，淹没了高淳古城。如今，沉没于水下的古城“一字街”，依然是高淳民间传说中的“四宝”之一。

一路绿波荡漾，令人心旷神怡。游艇刚靠上何家港码头，便与另一个丰富的历史空间对接上了。蒋山村党支部书记何腊保坚信，文化比风景有更强大的吸引力，能吸引更多游客。很多村民也相信“文化能当饭吃”，他们正在悄悄积蓄力量。

悠然见蒋山

蒋山行政村由7个自然村组成，其中3个在山下，即何家村、吴家村和李家村；4个在山上，分别是汪家垄、马家垄、明家垄和蒋家垄，村民们习惯统称其为“山上组”。久在山下3个村转悠，记者决定到“山上组”看看，无意中仿佛瞥见了一个世外桃源。

虽说是山村，“山上组”也只比“山下组”高出十几米。一条平缓的水泥路，蜿蜒进入一片绿树和竹林环绕的马家垄。顾名思义，聚居在此的多姓马，他们沿着山坡陆续盖房定居，久而久之，便形成了一个自然村。

“他们的祖辈，是太平天国时期迁徙过来的。山上组比山下组成村时间晚多了。”同行的何庚荣说。近两年，这位村里的小学教师多在山下几个自然村收集历史文化素材，山上组没怎么来过。

干净、安静、美丽，这是记者步入马家垄的第一印象。入村第一户门前是块水泥地，看不见鸡鸭欢腾的痕迹，一边的木架上整齐地摆放着几盆鲜花。隔条路便是菜园，篱笆墙外是一棵棵间隔有序的醉蝶花和百日草，菜园里种着一垄垄辣椒、茄子、青菜、豇豆、西红柿。菜园里还有一个小水塘，几朵莲花含苞待放。“好有情调！”记者心里暗赞，便想与菜园的主人聊聊。

农家的门大开着，客厅里没有人。“有人在家吗？”何庚荣探头问了声。过了一会，一位30多岁的村妇从楼上下来，微笑着看我们。

“菜园是孩子的爷爷奶奶打理的，我每天就是给花浇浇水，主要任务是带孩子。”女主人小李除了拥有令人羡慕的菜园，家周围还有很多果树。目光所及，便有枇杷树、苹果树、桃树等。问及有多少棵果树？她腼腆地说：“真没数过。”

她是河南人，12年前到高淳采茶时认识了丈夫。患有小儿麻痹症的丈夫跟亲戚到外地打工去了，她负责在家照顾孩子和老人。“父母原来不同意这桩婚事，但他人好，我不图他什么钱财，只要对我好就行。”小李大方地笑着说，“现在吃喝不愁，老公把家里照顾得很好，孩子也大了，我父母只能认了这桩婚事。”

转到屋后，才发现小李家还有好多果树，几十只鸡、鸭、鹅，统一被渔网围在一片树林中优哉游哉。好客的她从树上摘下几个黄桃，洗干净后塞到我们手上。“挺甜的，尝尝吧。”

一路走来，各家都是门不闭户，都有鲜花、菜园、果树，一色的利落、安静、美丽。走到汪家垄的李其福家，69岁的他正乐呵呵地和老伴在屋檐下看燕子喂食。“房子盖了十几年了，今年第一次有燕子来垒窝，好兆头啊。”

“你们家有多少果树？”李其福觉得记者问得奇怪，因为村民们大多不知道自家有多少果树。水果也不是用来卖的，除了自己吃，就是送亲戚。李其福只知道自家茶园大概400平方米，每年仅茶叶就能卖5000多元。这茶园，就在他家屋后。“20多年了，我的茶园从来不打农药。养的鸡多，在茶园里吃虫、添肥。”他的一儿两女都已成家立业，平时就老两口在家。他喜欢喝点白酒，但不多，每天二两。

再走，又见竹林，密密麻麻的竹林，以及掩映在竹林、果树、茶园中的民居和悠闲淳朴的村民。山下有悠远的历史，山上有淳朴的民风，这样的小山村，对游客来说，怎能没有吸引力？

两个山村的隔空对话

蒋山村东北方向30多公里处，有一个同样美妙的大山村（原为独立的行政村，现归属高淳区桠溪镇蓝溪社区）。它目前的“气场”，要远远强于蒋山村，因为其位于中国第一个“慢城”的中心位置。

“保护与维持纯净的自然环境”，是国际慢城的八大公约之一，也是成为国际慢城的重要条件。高淳具有三分山、两分水、五分田的生态，山水城林融为一体，别具韵味。在2010年11月苏格兰召开的国际慢城会议上，高淳桠溪“生态之旅”被正式授予“国际慢城”称号。由此，桠溪“生态之旅”成为我国第一个“慢城”，大山村便是镶嵌其中的一颗璀璨明珠。

6年前，在朋友的陪同下，记者第一次走进美丽的大山村。记得朋友当时说：“这里的人非常淳朴，听到汽车过来，会主动让到路边，微笑着目送汽车远去。”看似玩笑，但记者的确见到了多位村民主动让车且微笑的场景。淳朴之感，就如初进蒋山村。

6年前的场景还历历在目，整个慢城地区，景色已更加精致——村姑进了城，学会了城里人的打扮，但依然不失淳朴。每到周末，厌倦了快节奏城市生活的人，便来到这里放松心情、品尝农家美食。大山村，依然那么美。

芮建峰家在大山村东头第一家。在政府的鼓励下，2010年10月，他率先在村里开了家“建峰农家乐”。当时大山村名声还不响，来的客人并不多。国际慢城的牌子授予之后，芮建峰的农家乐再也没愁过生意。近日记者再次造访“建峰农家乐”，得知他刚陪南京来的七八位画家出去采风找灵感去了。

几年不见，“建峰农家乐”已两次扩建——原本只是两层住宅楼，2011年下半年另建一栋三层楼房，300多平方米，12间客房；2014年，又盖一栋两层楼房，一楼餐饮，二楼会议室。

“经常会有一些公司组团过来，他们既要吃饭住宿，还要召开会议，所以会议室是少不了的。”芮建峰的爱人朱桃英说。问及收入，朱桃英笑着说：“每年20万，纯的。”

如今，只有203户的大山村，就有48家农家乐、16家客栈以及12家专门销售农副产品的商店。大多数村民，因为大山村的美景和慢城的名声，发家致富。

“景色入眼，美味入嘴，但只有文化才能入心，才能真正留得住人。”对于大山村的优势，何腊保并不嫉妒，他对蒋山村更有信心，“我们同样有美景，也会有美味，但我们更要靠蒋山的文化资源吸引人。”

“没法比，没得比，我们只能想办法打造自己的文化品牌。”蓝溪社区支部书记张波承认蒋山村拥有独特的文化资源和历史遗存。他告诉记者，蓝溪正在建设一个慢城小镇，里面将全面展示慢城文化，还有各种高淳民俗文化展示、艺术创作基地等，以此来弥补文化的短板。

村民都是"明白人"

打造蒋山的特色文化，能否将当地村民发动起来，进而形成"文化富民、民富护文"的互动局面？记者请何庚荣帮忙召开一场小型座谈会，邀上七八位20—50岁的村民一块儿聊聊。听他们一席话，记者发现，村民都是"明白人"。

44岁的陶姐，马家垄人。"村里环境变好了，心情也好。"快人快语的陶姐说，她今年种了六七十棵香椿树，等渔村开业了，就可以卖香椿。"都是山上挖的，没花一分钱。"陶花悄悄"积攒"香椿树之举，出乎在场所有人的意料，都赞叹她"下手快"。

27岁的何华中，何家村人。"打算开个农家乐或者农产品销售中心。"何华中没有隐瞒自己的想法，他们家位于去何家港码头的必经之路。去年国庆期间，如织的游人让他心痒痒的。"游客一多，那些不值钱的小螃蟹，拴根细绳就能卖一块钱。卖水果、点心的，生意好得很。"开农家乐势在必行，何华中对此信心满满。

44岁的何英凯，也是何家村人。"以前别人养蟹，我卖螃蟹饲料，去年我承包了8亩大棚，开始搞种植。"见别人一愣，何英凯一再强调，"这是我的商业机密，暂时不能讲。"在其他村民期盼的目光中，他又忍不住说了出来，"来玩的人多了，他们肯定喜欢体验农耕文化，可以让他们采摘葡萄、草莓，到塘里挖藕……"

45岁的李时兵，李家村人。李时兵养了12亩螃蟹，每年也有6万多元收入，但他现在更想办个农家乐。"要不你就开个韩国烧烤吧。"其他村民起哄，"你家离双女坟近，崔致远的后人每年都来祭拜，来的韩国人多。"李时兵憨憨地笑了笑："我看村里的发展，跟着大家走。"

37岁的甘月香，是从安徽嫁到何家村的，她目前考虑开间客栈。甘月香发现，去年国庆旅游高峰，很多游客在蒋山转个半天就走了。因为村里的娱乐场所少，更因为"蒋山人还不会讲故事"。"蒋山的故事很多，但我们讲不出来，或者说讲不精彩。"甘月香说。

甘月香的话引起了共鸣。何庚荣顿时觉得自己的压力大了，因为蒋山的故事，还需要更多像他这样的人去挖掘、整理，更要普及。

话已至此，记者不再担心村民们是否有准备去迎接即将到来的“文化盛宴”。在蒋山这两年的改造中，村民自身也悄悄地发生着变化，不仅仅是物质层面的，还有精神层面的。“以前我们可能会随便摔垃圾，现在不会了，大部分村民的素质都提升了。”何华中说得大伙连连点头。

散会时，陶花突然强调：“我们现在还得把普通话练好。”欢笑声中，众人各自归家。落日余晖，蒋山村笼罩在一片醉人的晚霞之中。

记者 朱旭东

追剧：从 GDP 到环保到文化

曾经苦于偏居一隅，位于江苏西南角的南京市高淳区，经济数据并不算靓丽，却因为“慢城”的概念，让这个原本并不显眼的小城，从此有了颗雅致的心，变得更加从容。“慢城”能对高淳另眼相看，不仅开拓了高淳人的视野，也启发了他们的心智：原来，发展还能这么玩。如今的蒋山村，也因此能够静下心来，做文化。而这一切，又与整个国家的发展轨迹几乎同步同拍——追剧，已从GDP，转向环保生态，转向文化追求。这种轨迹，在高淳区内的武家嘴村、大山村和蒋山村身上，逐一得到体现。

另一个村庄的故事

“慢城”是个舶来的概念，发源于意大利。因为“慢城”追求生态、环保，加上其核心“慢”的概念，让疲倦了快节奏生活的城里人有了静的向往。改革开放初期，首先要解决温饱，追求富裕。高淳区境内的武家嘴村，便在这一过程中，实现了由“渔花子村”到“金陵第一村”的华丽转身。

30多年前的武家嘴村，只是石臼湖畔一个贫穷的小渔村，人均耕地不足三分，村民世世代代以捕鱼为生。每到冬春枯水季节，很多村民靠乞讨为生，因此被称为“渔花子村”。现任村党委书记武继军1984年接手武家嘴村时，村集体账面上只有126元，还是靠罚款得来的。

没有集体经济，发展农业又受空间限制，武继军选择了“靠水吃水”搞船运的发展路子。因为村里唯一的优势，就是村民大多有驾船经验。

30多年前，改革开放的大潮开始在苏浙沪涌动，基建迅猛兴起。武继军意识到，这必将带动黄沙等建筑材料需求的快速提升。他鼓励村民从捕捞业转向水上运输业，将小渔船改造成运输船，大搞水上黄沙运输。1990年，浦东开发揭开序幕，武继军挨家挨户发动村民卖小船，造大船、造钢船。于是，武家嘴的村边湖岸都变成了造船工地，全村船舶总吨位当年即达2万多吨，武家嘴的水运业由此实现了第一次蜕变。

随后，武家嘴村着力推进“产业集团化、经营公司化、造船工厂化”的发展模式，大力打造武家嘴“水运航母”。2004年以来，先后与南钢集团等企业合资组建江海直达运输公司3家，与村内水运大户联合组建民营海运公司8家，形成了11家具有经营资质的实体性水运企业，并在香港注册成立了武家嘴国际海运有限公司，瞄准了远洋运输。与此同时，武家嘴村还加快造船业的提档升级，先后投资13亿元，相继建成八卦洲和乌江两个现代化造船基地，年造船能力达65万吨。以资产为纽带组建的南京武家嘴集团，目前已拥有各类船舶140多艘，总吨位达50多万吨。武家嘴村就此走上了发展巅峰。

随着国内基建热潮退却，国际航运业竞争也日趋激烈，仅凭造船水运一条腿走路，难抵市场风险。武家嘴村开始走“一业为主、多元拓展之路”——投资特种水产品养殖基地和经济林果种植基地、兴建武家嘴大酒店、组建南京市首家村镇银行……

去年青奥会在南京举办期间，当地特意安排国际奥委会名誉主席罗格到武家嘴农业科技园内的农庄小憩，品尝现炸的油条和现磨的豆浆，一时传为佳话，并引得后来者纷纷前往品尝“罗格吃过的油条和豆浆”。武家嘴农业科技园已被纳入高淳的“慢城”旅游概念，似乎也开始在追求一种文化。

因为慢城，多了优雅

武家嘴村抓住了机遇，是在经济高速发展的背景下，各地对GDP孜孜以求的一种显现。由于地处偏远，整个高淳当时并未挤上那趟高速飞驰的发展列车，只能做出遥追的姿态。当年是一种遗憾，现在看来又是一种幸运。因为，风向变了。人们对经济社会的发展要求，由原来的“又快又好”，变为“又好又快”——“好”字当头。

武家嘴村的飞速发展，并没有带动蒋山村，毕竟相隔较远，而且机遇似乎只属于“先下手为强”者。蒋山村的村民一如既往地种地、养螃蟹。他们埋头苦干，不知道机遇在哪里，甚至不知道高淳区有个“金陵第一村”。

“武家嘴？”蒋山村76岁的何广仁一脸茫然，转头问67岁的路道明，“武家嘴是哪里啊？”

何广仁1976年担任蒋山村何家自然村的队长，20多年来本本分分地“修理

《半月谈》杂志对蒋山村的报道

地球”。“那时都种双季稻，很辛苦。”何广仁说，从来没见哪个农民靠种地发财的，很多人上山打石头、靠小船跑运输，或者打草卖钱、到工地当小工，没人富起来。

1985年，南京市有个扶贫项目，资助了蒋山村65万元，其中50万元办了一个砖瓦厂，15万元办了一个砸石厂。“解决了村组干部的工资和100多位村民的就业。”何广仁说。

1998年起，砖瓦厂对外承包，每年11.8万元的承包费，只能确保给村干部发工资。

2010年11月，在苏格兰举行的国际慢城会议上，高淳区桠溪镇“生态之旅”被世界慢城组织正式授予“国际慢城”称号。因为景色美、生态好，因为农家乐的美食，因为更多人追求“慢下来”的心态，“慢城”的概念迅速走红，位于“生态之旅”核心地带的大山村村民，也迅速发展致富，由此触动了高淳区主要领导敏感的神经。

没赶上乡镇企业为主导的第一轮发展，也没赶上大型企业为主导的第二轮发展，高淳的历任领导，一直惋惜错过的机会。“现在看来，保护了生态环境，绿水青山就是金山银山。”高淳区区长沈剑荣说。

2009年，高淳取消GDP考核，强调生态文明建设和绿色发展。当选蒋山村村支书之前，何腊保脑海里也曾有两种选择：其一，工业强村，像其他村一样招商引资办企业；其二，走商业化之路，利用苏皖交界的便利，沿路建造标准化厂房，搞商贸。但当他和村组干部到“生态之旅”参观后，内心便有了动摇。再去外省参观高效农业和乡村旅游时，也想模仿人家。等沉淀下来琢磨蒋山的各种文化元素时，何腊保最终选定走“乡村民俗文化旅游”之路。

轮到“文化”出场了

尽管蒋山村还没完全做好准备，但游客可能说来就来。最近，南京的一家旅行社准备组织旅游团坐游艇到蒋山村“一日游”，正忙着与何腊保接洽。“40多桌的农家乐怎么安排？民俗表演怎么组织？导游词怎么写？哪些人负责游客采摘？”何腊保既兴奋又担忧，忙不迭地与何庚荣等人商议。

何腊保请东南大学的专家对蒋山村进行规划，希望突出蒋山的生态环境、传统文化以及民间传说等诸元素，构建以旅游休闲为主导、现代农业为支撑的产业体系。这些规划，很多还停留在图纸上，但游客已经跃跃欲试。

如何让先来的游客对未成形的蒋山充满期待而不至败兴而归？已成为何腊保当前最头疼的事。“不能把话讲过头了，不能急功近利，蒋山要一步一个脚印走，绝对不能让游客失望。”何腊保说。

风头正健的蒋山村，未必能成为一个靠文化发家的村；即便能发家，也未必就能成为一个因文化而发家的典范。能敏锐地顺应时代潮流并抓住发展机遇，已属不易；而这种文化觉醒，是难能可贵的。

当我们温饱问题还没解决的时候，是没心思去考虑肚子以外的事的。正如蒋山村，如果还是个贫困村、经济薄弱村，肯定不会想着去打造文化品牌。只是在特色农业得到发展、村民生活水平上了一个台阶后，何腊保才有了“文化表白”的物质基础。

可以说，蒋山村的“文化表白”还是物质的、粗浅的，基本还是想“把文化当饭吃的”。因为蒋山村有第二条路可走，比如何腊保最初的两种设想。但他后来意识到，那些选择非常短视，不能持续发展，而且会留下后患。敝帚自珍，蒋山村的确没有更多可以浪费的“敝帚”。

大唐盛世时，唐人足够自信。而今呢？还说蒋山村，如果不去加强“文化表白”、不去修缮保护，再过几十年，那些历史遗存还会在吗？如果双女坟被平整成耕地或盖了房子，还会有崔致远的后人前来凭吊吗？再过几十年，还有谁会想起这里曾经发生的故事？古驿道旁的“招贤驿”已经成了瓦砾、荒草堆，再不修整，后人会知道这里曾经有个唐朝驿站？

四大文明古国之所以只有中国完整地延续至今，靠的正是数千年繁衍不息的文化传承。振兴中华，这文化是必不可少的。

该到“文化”出场的时候了。当下我们是否应该缓缓脚步，等等灵魂？

也算文化觉醒

中国目前经济总量已居世界第二，国人的确比以前富足多了，很多人满世界旅游购物，但并未被国外民众所敬重。因为同胞中很多人像个暴发户——仅是“有钱”而已，乱插队、大声喧哗、随地吐痰、刻画“到此一游”，如此等等的“没文化”。

我们还是礼仪之邦吗？自古以来我们就是礼仪之邦！但某些国人目前在外的形象，却难担此大任。每个人都是国家的形象，这形象，装是装不出来的。以GDP为考核核心，以财富论英雄，只会让人们的眼睛瞪得像“孔方兄”。装，定然装不来软实力。

再扯远一点，有了钱的国人为何在国外疯狂购物，而国内提倡的靠消费拉动的那驾“马车”却迟迟不见发力？那是因为国内销售的同类产品质量远不如国外。质量差的原因，说起来话更长。长话短说，还是因为生产厂家未重视文化，没有敬畏心。

绝非妄自菲薄，只愿这种担心更少些。

蒋山村正在学习“文化表白”，村民开始意识到维护村庄的环境，村支书担心蒋山村“盛名之下，其实难副”……或许，这算是一种文化觉醒吧。

记者　朱旭东

（以上四篇报道摘自2015年出版的《半月谈》杂志13、14、15、16期，有删改）

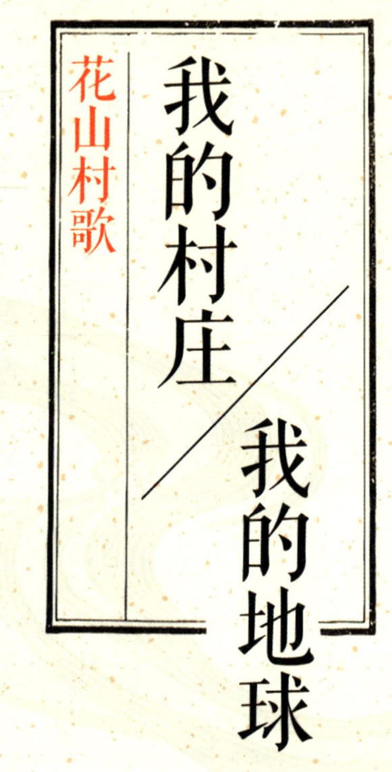

我的村庄/我的地球

花山村歌

王干 词

尹相涛 曲

阎维文 演唱

一湖青山一湖秀，
固城湖边岸垂柳。
爷爷牵过的老水牛，
走不出我的记忆与乡愁。

山连着水，水连着舟，
我家就在花山村的那头。
一头转的是樵夫、茶农与风车，
一头唱的是渔火、白鹭和沙鸥。

一网鱼虾，一网丰收，
调皮的螃蟹爬船头。
儿时的月光照梦乡，
邮票大的村庄是我的地球。

儿时的月光照梦乡
我的村庄我的地球

我的村庄我的地球

1=F 4/4

♩=86 清新美好地

王 干 词
尹相涛 曲

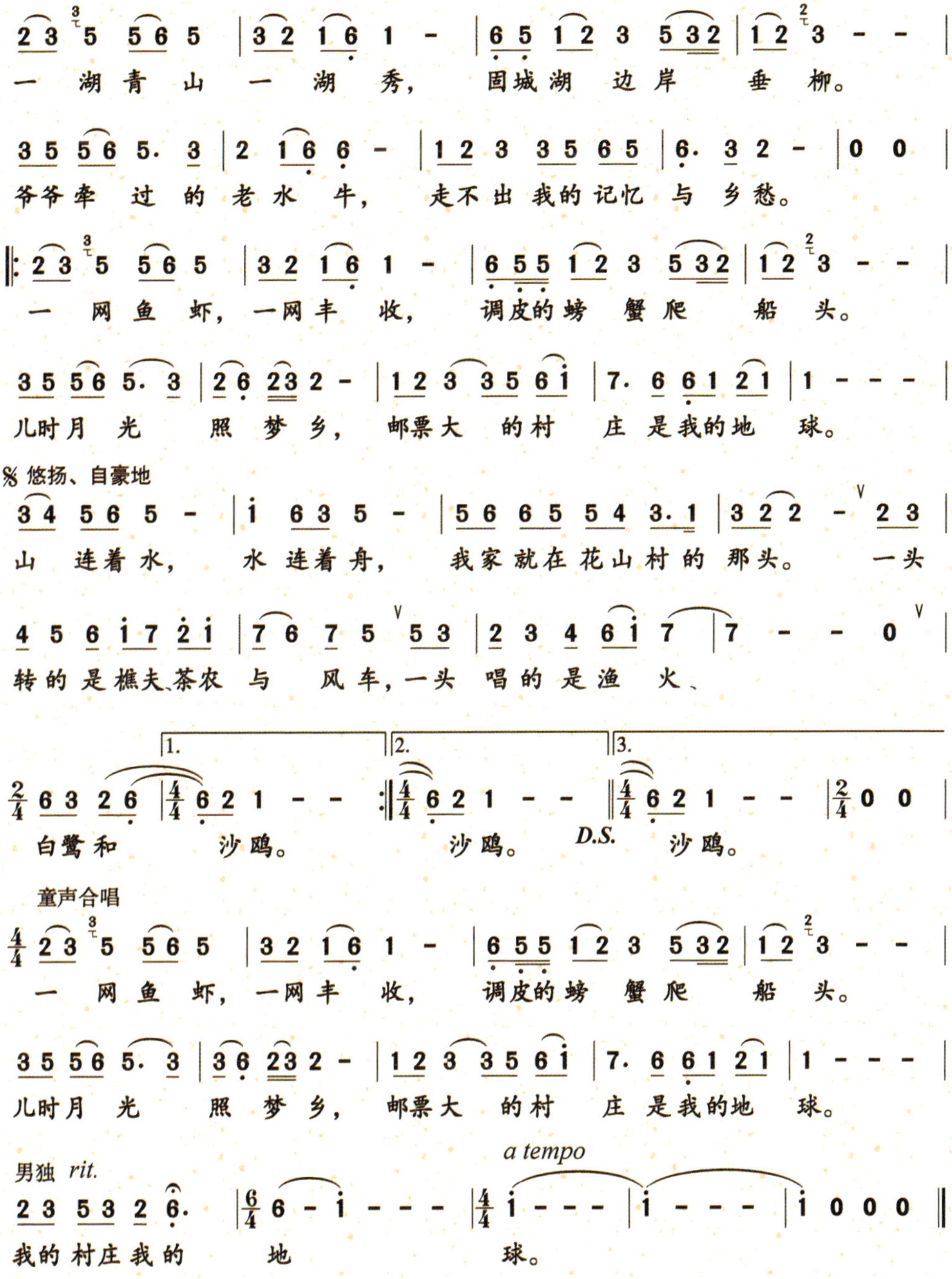

2 3 5 5 6 5 | 3 2 1 6 1 - | 6 5 1 2 3 5 3 2 | 1 2 3 - - |

一湖青山一湖秀，固城湖边岸垂柳。

3 5 5 6 5. 3 | 2 1 6 6 - | 1 2 3 3 5 6 5 | 6. 3 2 - | 0 0 |

爷爷牵过的老水牛，走不出我的记忆与乡愁。

‖: 2 3 5 5 6 5 | 3 2 1 6 1 - | 6 5 5 1 2 3 5 3 2 | 1 2 3 - - |

一网鱼虾，一网丰收，调皮的螃蟹爬船头。

3 5 5 6 5. 3 | 2 6 2 3 2 - | 1 2 3 3 5 6 i | 7. 6 6 1 2 1 | 1 - - - |

儿时月光照梦乡，邮票大的村庄是我的地球。

𝄋 悠扬、自豪地

3 4 5 6 5 - | i 6 3 5 - | 5 6 6 5 5 4 3. 1 | 3 2 2 - 2 3 |

山连着水，水连着舟，我家就在花山村的那头。一头

4 5 6 i 7 2 i | 7 6 7 5 5 3 | 2 3 4 6 i 7 | 7 - - 0 |

转的是樵夫、茶农与风车，一头唱的是渔火、

2/4 6 3 2 6 | 1. 4/4 6 2 1 - - :‖ 2. 4/4 6 2 1 - - ‖ 3. 4/4 6 2 1 - - | 2/4 0 0 |

白鹭和沙鸥。沙鸥。*D.S.* 沙鸥。

童声合唱

4/4 2 3 5 5 6 5 | 3 2 1 6 1 - | 6 5 5 1 2 3 5 3 2 | 1 2 3 - - |

一网鱼虾，一网丰收，调皮的螃蟹爬船头。

3 5 5 6 5. 3 | 3 6 2 3 2 - | 1 2 3 3 5 6 i | 7. 6 6 1 2 1 | 1 - - - |

儿时月光照梦乡，邮票大的村庄是我的地球。

男独 *rit.* *a tempo*

2 3 5 3 2 6. | 6/4 6 - i - - - | 4/4 i - - - | i - - - | i 0 0 0 ‖

我的村庄我的地球。

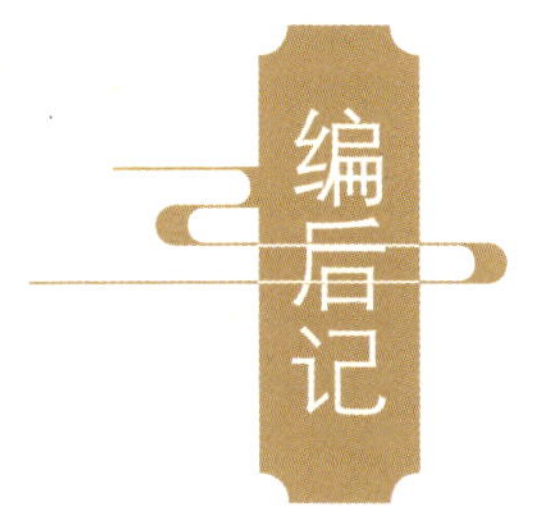

编后记

蒋山，是一个美丽的村庄。蒋山，依山傍湖风光美，村容整洁环境美，村民淳朴人情美，故事精彩传奇美。美丽的生态环境与经济的快速发展共存，是为“四美具，二难并”。蒋山，是高淳“美丽乡村”的典范，也是一个人文底蕴丰厚的古老村庄。蒋山人民讲忠诚、有担当、遵道义、怀慈善，数百年来形成了优秀的文化传统，这种文化传统在新时代的发展中得到张扬，并推动蒋山经济、文化等各方面的自我蜕变与全面进步。

为了进一步提高高淳人民的文化自信力，并彰显“美丽乡村”的文化魅力，由固城街道蒋山村委主持，高淳地方文化研究会承担的《灵秀蒋山》一书已经编稿结束并付印。本书在编纂过程中，得到了高淳区委宣传部、高淳区固城街道的大力支持，也得到了蒋山村广大村民的协助，在此一并致谢。由于我们编纂的经验还不足，水平也有限，故而错误与不当之处在所难免，请广大读者批评指正。

编者

二〇二一年三月